DIREITO E RELIGIÃO

Régis Fernandes de Oliveira

DIREITO
E RELIGIÃO

Estante
de Direito

São Paulo, 2021

Direito e religião

Copyright © 2021 by Régis Fernandes de Oliveira
Copyright © 2021 by Novo Século Editora Ltda

EDITOR: Luiz Vasconcelos
COORDENAÇÃO EDITORIAL: Silvia Segóvia
PREPARAÇÃO: Andrea Bassoto
REVISÃO: Tamires Cianci
DIAGRAMAÇÃO: Vanúcia Santos
CAPA: Plinio Ricca

Texto de acordo com as normas do Novo Acordo Ortográfico da Língua Portuguesa (1990), em vigor desde 1ª de janeiro de 2009.

Dados Internacionais de Catalogação na Publicação (CIP)
Angélica Ilacqua CRB-8/7057

Oliveira, Régis Fernandes de
   Direito e religião / Régis Fernandes de Oliveira. -- Barueri, SP : Novo Século Editora, 2021.

   Bibliografia
   ISBN 978-65-5561-144-1

   1. Direito e religião I. Título

   21-0723   CDD 344.096

Índices para catálogo sistemático:
1. Direito e religião 344.096

Alameda Araguaia, 2190 – Bloco A – 11º andar – Conjunto 1111
CEP 06455-000 – Alphaville Industrial, Barueri – SP – Brasil
Tel.: (11) 3699-7107 | Fax: (11) 3699-7323
www.gruponovoseculo.com.br | atendimento@novoseculo.com.br

A TODOS OS QUE JÁ SOFRERAM ALGUM DANO POR FORÇA DE DECISÃO JUDICIAL EQUÍVOCA OU POR PERSEGUIÇÃO RELIGIOSA.

AOS MEUS NETOS
HELENA, ANTÔNIO, BERNARDO,
HELENA MORAES E RAFAEL MORAES.

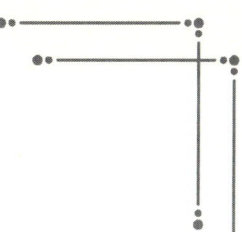

SUMÁRIO

Introdução 11

1. O mito 13
    1.1. Magia. O rito 16
    1.2. O simbólico. Os signos 18
    1.3. O arquétipo 20
    1.4. Harmonia 23
    1.5. O símbolo no direito 23
    1.6. Símbolos naturais e culturais 26
2. Lenda, mito e religião. Origem da religião 27
    2.1. Os dois mundos. A laicidade do estado. O preâmbulo da Constituição federal 30
    2.2. A religião 31
3. Religião. O sagrado 48
    3.1. O contraponto 50
4. Onde religião e direito se unem. O estado de natureza e a instituição da justiça 53
5. As provas 57
    5.1. A venda nos olhos da justiça 59
6. O júri e o oráculo 61
7. Os símbolos 63
8. Infrações e pecados 66
9. Apuração, investigação e conciliação 68

10. A lei e a religião no tempo. A prescrição 73
11. Direito à defesa. Recurso 75
12. As sanções 77
13. A linguagem 79
14. A inquisição, seu exemplo e repercussão no direito 83
15. Os conceitos jurídicos e teológicos.. 90
16. Imunidade tributária. Questões religiosas ou profanas?............... 92
17. Justiça e ética nas diversas religiões. Observações sintéticas. A composição das normas... 97
18. A religião garantida na Constituição e sua incidência prática. Religião e política. Vínculo empregatício entre sacerdotes e serventes. Recusa de fé 105
19. Imunidade. Subvenção 110
20. Conflitos na participação do Estado em face da religião. Invocação divina. Vestes sacramentais. Uso da cruz em prédios públicos. A recusa de fé em concursos públicos. Pesquisa com células-tronco. Casamento religioso com efeitos civis. Uniões homoafetivas. Vacinas e transfusão de sangue. O ensino religioso. Sacrifício de animais. Aborto. Abuso do poder religioso 113
21. Institutos provenientes da religião antiga 125
22. A decisão. Invocação da santidade e dos doutos 128
23. As paixões.. 133
24. Doações. Perdão de dívidas 136
25. Mulheres 140
26. Posse e unção... 143
27. O gnosticismo religioso e o jurídico. A ortodoxia 145
28. A isonomia jurídica e a religiosa... 149
29. As mentiras convencionais de nossa civilização (religião e direito) 151
30. A título de conclusão 153

Referências bibliográficas 155

INTRODUÇÃO

Há um conflito silencioso entre o direito e a religião. Embora tenham inúmeros pontos de encontro, há diversos de choque. Ambos se constituem em ordens normativas, ou seja, disciplinam comportamentos humanos. Religião e direito estabelecem um conjunto de princípios e regras de condutas que permite a vida em comum. De outro lado, instituem sanções para reprimir atos e ações inadequadas. Na religião são pecados e punições; no direito, crimes e sanções. O modelo é o mesmo.

Em muitos itens há aproximação da estrutura. Os valores que ambos buscam proteger são semelhantes. Os pontos de contato são inúmeros. As soluções são diferentes.

Nas sociedades modernas, a religião de qualquer culto continua com os valores adquiridos na Antiguidade ou na Idade Média. Não evoluíram. A excelente análise feita por Henri Bergson se adapta aos nossos dias.[1] As religiões são estáticas ou dinâmicas. Cada uma corresponde a um tipo de sociedade fechada ou aberta. A religião configura bem a ideia que o autor coloca sobre a *fabulação*.

---
1 BERGSON, Henri. *As duas fontes da moral e da religião*. Cap. II e III. Lisboa: Almedina, 2005.

A sociedade moderna não pode receber uma religião estática, que mantém todos os seus valores da mesma forma, como foram transmitidos por antepassados. Não que não mereça respeito. Claro que sim. O que não se pode é permanecer na visão (função) fabuladora. A sociedade se abre à evolução natural dos costumes e absorve conceitos e preconceitos, modernizando-os.

Daí a prevalência do direito, salvo em Estados teológicos. Nestes, direito e religião se confundem, porque os valores desta se incorporam àquele. Ficam num só plexo de previsões e consequências únicas e derivadas de valores religiosos encampados por aquele grupo social.

A interpenetração é inequívoca. Aos poucos e lentamente, o direito vai expungindo preconceitos e eliminando divergências, de forma a separar os espaços. Cada qual tem vigência em determinado setor. Religião é intimidade e reflexão. Respinga ideias e valores no comportamento social. Direito é extroversão e imposição de condutas.

Ainda demorará um tempo, mas os campos vão se separando e cada qual assume uma perspectiva de comando. O direito é dos homens; a religião, dos deuses. "Dai, pois, a César o que é de César e a Deus, o que é de Deus" (Mateus, 22:21). Assim, deverão caminhar os tempos, em termos de separação mística da Terra, do sagrado e do profano, das obrigações humanas e das divinas. O estereótipo religioso não cabe na compreensão jurídica.

Daí a análise a que nos propusemos: de saber onde religião e direito se tocam e onde se separam. Voltemos no tempo.

O MITO

O mito não é uma mentira ou mera invenção dos seres humanos. Na inteligência primitiva servia para descrever fenômenos que eles não conseguiam entender ou buscavam explicações para o significado das coisas. Se chovia e viam nascer plantas, as pessoas encontravam conexão entre os fatos. Se uma tempestade sobrevinha a um nascimento, deduziam consequências dela. Se um raio atingia o campo, rompendo uma árvore, propunham uma manifestação de entidades superiores.

A melhor orientação é dada por Mircea Eliade ao dizer que o "mito conta uma história sagrada, quer dizer, um acontecimento primordial que teve lugar no começo do Tempo, *ab initio*".[2] Define-o como "a história do que se passou *in illo tempore*, a narração daquilo que os deuses ou os seres divinos fizeram no começo do tempo".[3]

---

2 ELIADE, Mircea. *O sagrado e o profano*: a essência das religiões. São Paulo: Martins Fontes, 2013, p. 84.
3 *Idem*.

A sociedade era, como a atual, conflituosa, e as disputas pelo mando eram comuns, assim como a posse de mulheres, e o próprio sinal dos partos havidos ou perdidos era sinal dos deuses. Estes ainda não eram antropomórficos. Confundiam-se com a natureza. Esta é quem dava respostas às suas dúvidas e angústias.

A repetição de determinados fatores ou situações levava à conclusão da vontade da natureza. Se uma previsão desse certo, a pessoa tinha contato com os deuses. O conhecimento da evolução do tempo, da época das chuvas, levava a previsões aproximadas e credenciava o indivíduo a ter o respeito da coletividade.

O mito contém uma história verdadeira. O ser humano busca uma explicação para fenômenos que não conseguia explicar. Apela para a natureza e para o sobrenatural. É uma realidade cultural que justifica determinado acontecimento. Como explicar a existência do mundo? Era o caos e monstros poderosíssimos lutavam para dominá-lo. Alguém o criara e lutava para manter sua hegemonia.

Buscava-se explicar a origem do mundo, dos animais, das plantas e dos homens. A mitologia grega vale-se da história de Epimeteu, de Prometeu e de Pandora para a criação da raça humana. Em relação à origem do mundo, narra a luta dos titãs, do céu e da Terra, da separação dela e a criação dos deuses que, então, dirigiriam os destinos da humanidade. Os deuses queriam os humanos para que os adorassem. A cosmologia adquire fundamento de verdade.

O mito tem a função de "resolver, num plano imaginativo, tensões, conflitos e antagonismos sociais que não têm como ser resolvidos no plano da realidade".[4]

---

[4] CHAUI, Marilena. *Introdução à história da filosofia*. v. I. 2. ed. São Paulo: Cia. das Letras, 2002, p. 36.

Sendo assim, para cada dificuldade de compreensão de um problema de um fenômeno, de um acontecimento, os primitivos imaginavam uma solução factível. Aquela ideia era repetida de geração em geração e todos nela acreditavam como *fato real.*

Surgia, então, o mito como explicação originária de algum fato. Não encontra justificação humana. É afastado do meio humano. Entra no *sagrado.* Este se destina a ser acreditado fora da ação dos homens. O sagrado não se pode confundir com o profano. Este é o mundo dos homens; aquele, dos deuses. São mundos que convivem, mas não se misturam.

Os deuses vivem em mundo apartado e não são alcançados pelos seres humanos. Estes adoram aqueles. Os deuses brincam com os humanos. Quando são antropomórficos podem se transformar e aparecer sob diversas formas. Zeus, em seus inúmeros romances e adultérios, metamorfoseava-se em chuva de ouro, em touro, em cisne.

Descartes cogitou um Deus maligno que pode enganá-lo.[5] Esse Deus ou os deuses vivem, portanto, em um mundo distante e afastado (na Grécia era no Olimpo, no cristianismo, no céu). Não podemos tocá-los nem conviver com eles. São sagrados, isto é, estão fora do alcance da ação humana.

Na mitologia grega, que se confunde com sua religião, os deuses eram antropomórficos e, pois, conviviam com os humanos, podiam manter relações sexuais com eles e interferiam em fatos corriqueiros da vida. Maior exemplo nos dá Homero em seus cantos monumentais da "Ilíada" e da "Odisseia". Na primeira, os deuses liberaram os ventos para a armada grega partir, sob o sacrifício de Ifigênia, filha de Agamêmnon; depois, deuses e deusas interferiram na própria luta. Aquiles era protegido de Atena. Até armas ela mandou Hefestos produzir.

---

5 DESCARTES, René. *Meditações metafísicas.* São Paulo: Martins Fontes, 2005, p. 35-36.

Não obstante, o sagrado não se confunde com o profano. Nas modernas religiões, os deuses não são antropomórficos e se mantêm alheios às disputas humanas. São invocados a toda hora, mas não intervêm.

No direito é muito comum a profanação do sagrado para trazer para o mundo dos humanos aquilo que é deles retirado. Examinaremos isso mais adiante.

O que vale é que o mito contém uma explicação para o mundo e seus acontecimentos. Constitui uma narrativa sobre um fato cósmico.

1.1. MAGIA. O RITO

O rito é a forma da magia. Pode ser a reminiscência de uma ideia originária e, pois, retratar um mito (explicação primordial: consagração da lua, do sol, da fertilidade) ou refletir uma crença. O deus, para se manifestar, deve ser invocado. Os homens aprendem a respeitar ou a amar os deuses. Para tanto, necessita contatá-los. A magia é o instrumento de que se vale o humano para trazer o deus até ele.

A magia se externa em ritos que refletem a tradição. Os seres humanos adquirem formas de se conectar com os deuses, de invocá-los para algum evento ou buscar a intervenção do divino num problema por eles.

O rito é uma apresentação mágica que reflete a reverência aos deuses. Ele tanto opera nos mitos como na religião. A forma ritual é um segredo do feiticeiro ou do mágico. Ele, e só ele, detém a fórmula para invocar os deuses. Marcel Mauss acolhe, em princípio, a definição de Grimm, que "considerava a magia como uma espécie de religião feita para as necessidades inferiores da vida doméstica".[6]

---

6 MAUSS, Marcel. *Esboço de uma teoria geral da magia*. Lisboa: Editora 70, 2000, p. 21.

O rito necessita de um feiticeiro, que é "o agente dos ritos mágicos".[7] Vemos, muito claramente, os ritos mágicos em uma reunião de candomblé ou de umbanda. O pai ou a mãe de santo se veste com trajes brancos, com adornos coloridos; os atabaques desatam seu ritmo maravilhoso, as "baianas" começam a bailar, há a invocação dos deuses africanos, a bebida, a fumaça dos charutos, tudo cria um clima fantástico de invocação dos orixás.

O xamã (nome genérico para todo aquele que invoca os deuses) tem que ter algum preparo no conhecimento não apenas do rito, mas também dos deuses. Tem que ser alguém com *mana* (magia), ou seja, com poder espiritual. Um vidente, uma pessoa com qualidades positivas. Os ritos se desenvolvem até chegar num ápice, em que há o êxtase. O feiticeiro, dotado de qualidades "sagradas", invoca o espírito, eventualmente o incorpora e transmite a todos mensagens recebidas do além. Claro que ninguém nasce com certos "poderes". Passa o feiticeiro por uma iniciação e torna-se único entre seus pares.

O ritual assemelha-se ao da religião e ao do direito. No mito há a invocação de forças superiores para ajudar pessoas que procuram os feiticeiros porque necessitam de alguma coisa. Na religião, os deuses ou o Deus é invocado para trazer benefícios, ajudas, bem-estar, tranquilidade para as pessoas. No direito, o ritual se desenvolve para trazer a solução dos conflitos. O feiticeiro (juiz) se investe de caráter místico e invoca as leis (poder do além) para dar a justa solução ao conflito trazido para deliberação.

O ritual destina-se à invocação do sagrado. Revela-se por inúmeros meios, danças, preces, sacrifícios, invocações, cânticos, tudo levando ao êxtase. Os gestos igualmente se revelam eficientes. Erguer

---

7 MAUSS, 2000, p. 25.

as mãos, cruzá-las, abrir os braços, todos são sinais que invocam a divindade. No *mito*, o rito retorna ao que se passou na fase originária. Na primeira vez, no ato criador. Na *religião*, é a reiteração da subordinação ao deus, como a confissão e a comunhão no catolicismo e a genuflexão no islamismo. O quipá judeu e o balançar do corpo são rituais de aproximação com o sagrado e com as tradições.

As vestes da Igreja Católica impõem distância entre o sacerdote e o fiel. Diga-se o mesmo das vestes talares do magistrado.

1.2. O SIMBÓLICO. OS SIGNOS

Em todos os setores de nossa vida há um ritual. É que isso dá certa importância ao que se faz. Valoriza-se a forma. Na história dos tempos, o comum é desprezado. Só tem valor aquele que age com certo mistério. O místico é sempre mais valorizado por sentimentos de medo.

O xamã detém a arma do conhecimento transcendente. O pajé tem conhecimento superior. O sacerdote de todos os tempos sempre esteve ao lado dos governantes, quando não era ele próprio o governante. Seu conselho era importante, porque era o único que tinha acesso ao mistério.

Quando as pessoas explicitam o que sabem, já não valem mais. Se o que elas sabem é *apenas* aquilo e já disseram o que sabem, não mais merecem consideração. O critério de valorização é dado pelo que não se diz. Quando as pessoas falam muito, já não merecem ser ouvidas; falando pouco, valorizam-se.

O sábio, para a sociedade, nem sempre é o que diz coisas consistentes, mas o que não diz o que sabe.

Quando se invoca o divino, então, o respeito cresce. Ao se falar com um padre de batina, o respeito é maior. O pastor só vale quando no púlpito; na rua, é igual a todos. O rabino tem o respeito da comunidade porque conhece a Torá; o mulá conhece o Livro. Todos são intermediários entre a divindade e a sociedade. Podemos enfrentar de igual para igual qualquer pessoa e de nosso convívio, mas não podemos com as forças do além. Estas, não as conhecemos. Como agir perante algo que não conhecemos?

É o medo de enfrentar o diferente. O transcendente transmite os fundamentos da realidade. Fala diretamente para nos dar caminhos. É nossa bússola.

Tudo, em verdade, não passa de mero jogo simbólico. Ninguém tem contato estreito com o transcendente. Pode ter conhecimentos maiores sobre o desconhecido, sobre o místico, sobre o incognoscível, sobre o além. Mas apenas pensa saber mais. Lê textos que supõe ditados pelo divino (Bíblia, Alcorão etc.). Interpreta-os da maneira que melhor lhe possibilite transmitir inverdades, desde que úteis.

O *segredo de Estado* permite que desconheçamos as leis do país, que ab-roguemos a Constituição, que instauremos um estado de suspensão dos direitos. A *segurança nacional* nos dá alvará de impunidade para limitar direitos. A *política pública* permite que façamos o que quisermos em benefício do *bem público*. O *coletivo* está acima do *individual,* o que nos permite desconhecermos direitos pessoais.

Tudo não é senão um jogo de palavras disfarçado pelo símbolo. Há a teatralização do poder representado pela peruca, por exemplo. Há o uso da toga, que distancia o magistrado do comum dos homens. Há a invocação dos textos (sagrados e legais), que dá a *fantasia* da sapiência. O aparato integra o ato. É constitutivo do ato jurídico. Sempre se fala em reformar a linguagem jurídica sem nunca fazê-lo, "porque esta é a última vestimenta: os reis nus não são mais carismáticos".[8]

Vê-se, pois, que o poder simbólico é o que vale no mundo de hoje. Outra coisa não é o apelo ao consumo. Significa o reino das marcas. A concorrência das grifes. O *status* social. O tênis, o carro, tudo nos consome simbolicamente.

Já não somos nós mesmos. Somos símbolos que representam papéis.

Signos e símbolos. Como diz Ernst Cassirer, impõe-se distinguir sinais de símbolos. "Sinais e símbolos pertencem a dois universos diferentes de discurso: um sinal faz parte do mundo físico do ser; um símbolo é parte do mundo humano do significado. Os sinais são operadores e os símbolos são designadores".[9]

O dedo para cima era, antigamente, um sinal de vida ou morte do imperador para os lutadores da arena romana. Hoje, significa que está tudo bem. O semáforo sinaliza a parada ou a liberalidade de um veículo para que siga.

Os símbolos designam realidades permanentes, como se vê em Carl Jung.

1.3. O ARQUÉTIPO

Como diz Jung,

> [...] o que chamamos símbolo é um termo, um nome ou mesmo uma imagem que nos pode ser familiar na vida cotidiana, embora possua conotações especiais além do seu significado

---

8 BOURDIEU, Pierre. *Sobre o estado*. São Paulo: Cia. das Letras, 2014, p. 104.
9 CASSIRER, Ernst. *Ensaio sobre o homem*. São Paulo Martins Fontes, 2005, p. 58.

evidente e convencional. Implica alguma coisa vaga, desconhecida ou oculta para nós.[10]

Assim, quando pensamos em um leão ou em um touro nos vem à mente uma imagem de força. A vinculação é automática. Vem a lembrança do próprio animal, mas o correlacionamos com o símbolo da forma. A isso Freud dava o nome de *resíduos arcaicos*, isto é, formas mentais que não fazem parte da vida de alguém. Já Jung chamava de *arquétipos* ou *imagens primordiais*. Originam-se da repetição progressiva de uma mesma experiência durante gerações. É o caso do arquétipo de *mãe*.

O inconsciente coletivo tem embutida a ideia de que a mãe cuida da criança, vive-a a cada instante, cuida dela. É instintivo. É o arquétipo. Jung distingue o *instinto* do *arquétipo*. O primeiro atende a "impulsos fisiológicos percebidos pelos sentidos".[11] Já o *arquétipo* pode se revelar por meio de símbolos. A origem não é conhecida, mas se repete em qualquer lugar do mundo. A *mãe* tem significado arquetípico, mas age e reage por instinto.

No campo jurídico as imagens são muito sólidas. Cremos que todos os Estados são obrigados a ter orçamento (arquétipo). Existem os símbolos e criamos a imagem de que a União deve deter a maioria dos recursos orçamentários. Cria-se o arquétipo de que estados e municípios devem receber menos recursos e se cria uma vinculação de dominação de força hierárquica, ainda que se diga que não há hierarquia entre os entes federativos. Mas o arquétipo é diferente.

Há o *inconsciente coletivo* que cria símbolos. O deputado é uma autoridade e, assim, deve ser recebido com honrarias. Ninguém cria

---
10 JUNG, Carl G. *O homem e seus símbolos*. 2. ed. Rio de Janeiro: Nova Fronteira, 2008, p. 18.
11 *Ibidem*, p. 83.

a identidade do deputado corrupto. No inconsciente coletivo está a imagem do deputado corrupto, mas, quando do contato pessoal, ele passa a significar esperança de alguma vantagem, da obtenção de emprego etc.

Forçosamente, os arquétipos estão nos mitos e nas lendas. Eles dão o verdadeiro significado a histórias e à História. O mito de Artur e os cavaleiros da Távola Redonda é tido quase como uma verdade. A imagem de fiéis escudeiros permanece em nosso imaginário. Robin Hood é o arquétipo do bom ladrão e herói. Cria o inconsciente coletivo de que aquele que tira dos ricos e dá aos pobres é boa pessoa.

Cria-se o senso de que o governante busca o *bem comum* e quer *melhorar a vida das pessoas*. No exercício de *políticas públicas* sabidamente busca o melhor. São ilusões que se criam para a maioria das pessoas.

Shakespeare cria tipos idealizados e de comportamentos arquetípicos, ou seja, simbolizam determinadas características da alma. Goethe cria o símbolo do homem em busca do prazer e que vende sua alma. Lima Barreto identificou o burocrata. Gogol fez o mesmo.

O arquétipo do servidor público é bastante curioso. Faz de conta que trabalha muito. Sempre acha que ganha pouco. Sente-se apropriado pela rotina. É o que se recebe da tradição antiga.

Os símbolos são muito fortes: o próprio Cristo aparece como o *cordeiro de Deus*, isto é, o homem que nasceu para sofrer – e foi imolado. Ganesha, na religião hindu, significa prudência e sabedoria.

A grande força da *cruz é* de altíssimo simbolismo, a representar a morte de Cristo e sua ressurreição.

1.4. HARMONIA

Todas as obras gregas e romanas gozavam de perfeita harmonia. Os arquitetos se propuseram a construir com formas absolutamente perfeitas. A escultura não ficou atrás, o mesmo sucedendo com a pintura.

O exemplo maior vem com Leonardo da Vinci e o homem vitruviano. Vitrúvio, arquiteto romano, viveu na época de Augusto (século I a.C.) e escreveu um livro sobre arquitetura ("De architectura", em 10 volumes).

Foi o modelo apanhado por Da Vinci para imaginar seu homem, visualizando-o como exemplo de harmonia. De braços abertos e tendo por centro o umbigo, imaginou o centro do equilíbrio. Arte é equilíbrio.

O direito deve guardar a sintonia das normas. Hierarquizadas. Não pode o ordenamento ser caótico. Deve guardar coerência e ter regras internas de eliminação de antinomias. Se os princípios colidem deve prevalecer o mais forte no caso concreto; se colidentes as normas, busca-se a sua subsistência pelos princípios da anterioridade e da hierarquia.

1.5. O SÍMBOLO NO DIREITO

O direito romano vivia por meio dos símbolos dos tempos. Tempo existiu em que a forma era tudo.

Jung, em texto notável, define o símbolo como "um termo, um nome ou mesmo uma imagem que nos pode ser familiar na vida cotidiana, embora possua conotações especiais além do seu significado evidente e convencional. Implica alguma coisa vaga, desconhecida ou oculta para nós".¹² O símbolo é um significado que provém de uma palavra. Ao falarmos em leão, a palavra é ligada à força. O touro é a mesma coisa. Daí a ambiguidade dos símbolos. É um significado que não está na palavra, mas na conotação especial.

Ao falarmos leão, o que nos vem à mente é seu significado imediato, ou seja, o animal. Paralela e automaticamente, surge outro significado, como a força, o rei da selva, o vigor físico.

Prossegue Jung: "Por existirem inúmeras coisas fora do alcance da compreensão humana é que frequentemente utilizamos termos simbólicos como representação de conceitos que não podemos definir ou compreender integralmente".¹³ Damos o nome ao trovão, mas sua ocorrência nos provoca o medo e, pois, pensamos em manifestações divinas.

Nossos sentidos percebem o que temos a nossa volta. Vemos edifícios, ruas, veículos, sinalizações etc. numa via pública. Com instrumentos aumentamos nossa possibilidade de conhecer as coisas, mas muitas ficam fora de nossa apreensão. Daí imaginarmos significados para explicar coisas que não conhecemos ou que queremos captar por meio de identificações.

É muito comum surgirem o que Jung denomina de *arquétipos*. São idealizações de figuras e comportamentos. São, como ele denomina, *representações herdadas*, significados instintivos. Mas o autor distingue o instinto, "impulsos fisiológicos percebidos pelos sentidos"¹⁴ e o instinto manifestado por fantasias, "a revelar, muitas vezes, a sua presença apenas por meio de imagens simbólicas".¹⁵

---

12 JUNG, 2008, p. 18.
13 *Ibidem*, p. 19.
14 *Ibidem*, p. 83.
15 *Idem*.

O instinto significa o impulso de reação a qualquer provocação do mundo. É imediato e sem uso da razão. O arquétipo evoca sentidos formados: o herói ligado à cavalaria, o Hércules salvador, o deus inconsciente.

O direito se vale de tais símbolos. O juiz simboliza a justiça. O promotor, o acusador; e o advogado, o defensor. A balança é o arquétipo simbólico da justiça. O advogado é o símbolo da defesa dos direitos.

A norma jurídica tem um ritual de aprovação que a sacraliza. Os fatos e as ações humanas produzem efeitos todos os dias, realizam-se a todo instante. Agressões a direitos, mudanças de comportamentos, litígios individuais e coletivos ocorrem. Tais fatos constituem o comum na vida das pessoas. O advento da norma *retira* tal fato do mundo dos homens e o *sacraliza*. Torna-a intocável e quem tiver o comportamento contrário ao nela previsto sofre as consequências de sua conduta, ou seja, é punido.

A norma e o sagrado, então, equivalem-se. Aquele fato é retirado do mundo profano, aquele comportamento já não pode ser praticado. Ele se torna intocável e quem tiver aquela conduta será punido pelos instrumentos da justiça.

A justiça é simbolizada pela balança.

A infração é simbolizada pelas grades.

O processo é o instrumento que apreende o fato e, por meio de um roteiro procedimental, chega a um resultado de aprovação ou não do comportamento que movimenta a máquina do Estado. É feito de altos e baixos. Permite às partes o uso de todos os recursos para ataque e defesa.

Todo processo judicial é formado de arquétipos cheios de significação. Há todo um rito mitificado. Os prazos significam a passagem do tempo e este, por sua vez, segue sendo a sinalização da morte para onde todos caminham. A morte, no processo, identifica os prazos, a perda dos direitos (revelia) e, também, sua criação (usucapião).

1.6. SÍMBOLOS NATURAIS E CULTURAIS

Jung distingue os símbolos em *naturais*, "derivados dos conteúdos inconscientes da psique"[16], e os *culturais*, que identificam *verdades eternas*. Os naturais são próprios da vida individual. A mãe é palavra prenhe de conteúdo. Significa a bondade, o amor, a dedicação, a renúncia etc. Os símbolos culturais retratam situações de verdades eternas: a suástica, tão usada por povoações antigas, passa a ser o símbolo eterno de opressão, tirania e morte.

---

16 JUNG, 2008, p. 117.

LENDA, MITO E RELIGIÃO. ORIGEM DA RELIGIÃO

Embora assemelhados, não são a mesma coisa. A lenda é uma narrativa que busca explicar fatos misteriosos; é fantasia transmitida oralmente. Normalmente, transmite crenças populares. O mito explica o primeiro conhecimento da manifestação cosmológica. Ela volta ao passado e não invoca os deuses. O mito é a justificativa de um fato originário. A religião é crença. O mito não é adorado pelo humano. Crê no fato como esclarecer de determinado acontecimento implausível. A religião contém o culto prestado à divindade. Há uma doutrina que explica o deus e a crença; há o dever sagrado de oferendas e sacrifícios.

O mito, em sua origem, impõe deveres e as pessoas os obedecem. Posteriormente, o mito fica como explicação originária. As sociedades primitivas acreditavam nele. A religião cria um bloco de crenças e as reverencia.

René Girard esclarece que

> [...] de todas as instituições sociais, o religioso é a única à qual a ciência nunca conseguiu atribuir um objeto real, uma verdadeira função. Afirmamos, portanto, que o religioso possui como objeto o mecanismo da *vítima* expiatória; sua função é perpetuar ou renovar os efeitos deste mecanismo, ou seja, manter a violência fora da comunidade.[17]

O autor termina com forte assertiva: "Afirmamos que a violência fundadora é a matriz de todas as significações míticas e rituais".[18]

Não se confundem, pois, mito e religião. São coisas distintas. Por isso, hoje, não mais se crê nos mitos originários, salvo para explicação evidente de um acontecimento existente. Insistimos, mito não é invenção nem mentira. É uma verdade que deflui da explicação de um fato originário.

Um dos pontos essenciais para nosso conhecimento das coisas, dos seres humanos e do mundo, é compreender os sentimentos mais profundos do nosso ser. O homem se reconhece como tendo um corpo (matéria). Reconhece ter uma *alma*. O primeiro é facilmente perceptível. A segunda é uma incógnita.

Platão, na discussão entre Cebes e Sócrates, afirmou que

> [...] as pessoas supõem que quando a alma abandona o corpo não existe mais em lugar algum e que no dia em que o indivíduo morre é destruída e dissolvida; que logo que deixa o corpo e se dissocia dele ela se dispersa como sopro ou fumaça, esvai-se e não é mais algo em lugar algum.[19]

---

17 GIRARD, René. *A violência e o sagrado*. 2. ed. Rio de Janeiro: Paz e Terra, 1998, p. 121.
18 *Ibidem*, p. 146.
19 PLATÃO. *Fédon*. São Paulo: Edipro, 2008 (70 a).

É como Cebes contestar Sócrates. Acrescenta Cebes: "Talvez sejam necessários muitos argumentos e demonstrações para mostrar que, uma vez um ser humano esteja morto, a alma continue existindo e retenha poder e inteligência".[20] Sócrates, então, examina se as "almas dos seres humanos falecidos estão no mundo subterrâneo ou não".[21] Conclui:

> Segundo uma antiga explicação, da qual nos recordamos, elas partem daqui para lá e aqui retornam novamente, nascendo dos mortos. Ora, se isso é verdade, se os vivos nascem novamente dos mortos, nossas almas existiriam lá, não existiriam? Afinal não poderiam renascer se não existissem.[22]

Utilizando-se da *tese dos contrários*, Platão busca demonstrar a existência das almas. Conclui que os vivos são gerados a partir dos mortos "tal como estes a partir dos vivos; e visto ser assim, parece-me que dispomos de uma suficiente prova de que as almas dos mortos necessariamente existem em algum lugar, de onde retornam à vida".[23]

O materialismo antigo de Epicuro nega tal possibilidade e afirma que

> [...] a alma é corpórea, composta de partículas sutis, difusa por toda a estrutura corporal, muito semelhante a um sopro que contenha uma mistura de calor, semelhante um pouco a um e um pouco a outro, e também diferente deles pela sutileza das partículas, e também por este lado capaz de sentir-se mais em harmonia com o resto do organismo.[24]

---

20 PLATÃO, 2008 (70 b).
21 *Ibidem* (70 d)
22 *Ibidem* (70 d).
23 *Ibidem* (72a)
24 EPICURO. *Antologia de textos*. São Paulo: Abril Cultural, 1980, p. 16. (Coleção Os Pensadores).

Lucrécio não diverge. Distingue *alma* e *espírito*. O espírito é o pensamento. A alma está disseminada no corpo e conclui: "Este mesmo raciocínio demonstra que é corpórea a natureza do espírito e da alma".[25]

Por aí bem se vê que há uma discussão eterna sobre a existência da alma como entidade destacada do corpo e destinada não apenas a movê-lo como também a ter uma existência espiritual num mundo transcendente.

Haveria dois mundos? Um *imanente*, terráqueo, humano, ser vivente entre outros viventes, sensível e corporal, e outro, *transcendente*, habitado por Deus ou pelos deuses, a quem prestamos reverência, adoração e respeito, e temos nossas vidas ditadas por eles, não apenas em termos religiosos, mas também éticos?

2.1. OS DOIS MUNDOS. A LAICIDADE DO ESTADO. O PREÂMBULO DA CONSTITUIÇÃO FEDERAL

Vivemos, aqui, no mundo terreno. Deus ou os deuses em outro universo, transcendente, inatingível, das ideias ou das formas, à maneira platônica. Para que esse outro mundo exista, é imprescindível que os seres humanos creiam nele. É necessária a existência de um Deus ou de deuses que pululam nossa imaginação.

Já se vê que Estado e religião não são contraditórios nem se excluem. Convivem no mesmo espaço e tempo, mas cada qual com seu regramento. Laicidade e secularismo. O laico opõe-se ao religioso. A laicidade convive com o político e o social. A religiosidade está no

---
25 LUCRÉCIO. *Da natureza das coisas*. Lisboa: Relógio d'água, 2015, p. 147.

mesmo mundo, mas em outra dimensão, a sagrada. O Estado laico está consagrado em nossa Constituição.

No preâmbulo da Constituição invoca-se a proteção de Deus. Chamado a se manifestar, o Supremo Tribunal Federal, por meio da Adin 2.076-5, rel. Min. Carlos Velloso, entendeu que não há contradição entre o preâmbulo e o corpo constitucional. Diz a decisão:

> Essa invocação, todavia, posta no preâmbulo da Constituição federal, reflete, simplesmente, um sentimento deísta e religioso, que não se encontra inscrito na Constituição, mesmo porque o Estado brasileiro é laico, consagrando a Constituição a liberdade de consciência e de crença.

Fez-se uma acomodação. Se o Estado é laico, não pode invocar proteção de ninguém.

2.2. A RELIGIÃO

Interessante e curiosa observação é a de visitarmos cavernas em que pinturas rupestres retratam seres naturais ou espirituais. Seriam pessoas de outro mundo? Há um conhecimento religioso intuitivo? Teriam os antigos imaginado uma alma separada do corpo?

Evidente que as respostas não são nada fáceis e dependem, basicamente, de nossa aceitação de um mundo do além.

Na hipótese do materialismo, se a alma é apenas matéria e está conectada com o corpo, dele fazendo parte, parece não haver dúvida de que com a morte tudo se dissolve (*mors omnia solvit*). Termina não só a vida física, mas também a espiritual. Para Epicuro e, posteriormente Lucrécio, nada existe. Por isso Hamlet afirmou: o resto é silêncio.

Podemos discutir a religião apenas na hipótese de aceitação do mundo transcendente. De onde ela teria surgido? Qual sua origem? Como nasceu?

As teorias são as mais diversas. O *animismo* – atribuição de um espírito ou alma a todos os objetos humanos ou não, é o início da expressão humana espiritual. A mente ainda empírica dos primitivos leva a atribuir uma expressão anímica aos fenômenos da natureza e à própria natureza. Ainda não é o *panteísmo*, mas o surgimento de expressões de vida no mundo.

Nesse sentido, a *antropofagia* tem significado religioso. Comer o outro é assimilar seu ser (ainda impreciso e indefinido). É *in corporar* (assim mesmo) o outro, fazendo com que o morto passe a fazer parte do vivo.

Bastante interessantes as observações de Eduardo Viveiros de Castro.[26] "Devorar um 'semelhante' é exatamente impedir que ele possa devolver uma imagem, constituir uma identidade. É, de certa forma, destruir a representação, quebrando o espelho da função imaginária."[27] Não é, tampouco, identificar-se com o inimigo. "O canibal comerá sempre, enfim, nada mais que si mesmo".[28]

Assim, quando o canibal consumia seu semelhante, praticava um ritual de incorporação, mas, também, de eliminação do inimigo. Afirma Viveiros de Castro, "o canibalismo é uma inescapável passagem para a alteridade".[29]

---

26 VIVEIROS DE CASTRO, Eduardo. *Araweté – Os deuses canibais*. Rio de Janeiro: Zahar; Anpocs, 1986, p. 20
27 *Ibidem*, 1986, p. 620.
28 *Idem*.
29 *Ibidem*, p. 621.

Nas pinturas rupestres, os teóricos visualizam não a representação da natureza existente, nem dos animais pintados. Eles imaginam um mundo existente além deles.

Teoria dos sonhos. Uma das teorias que buscam entender a origem das religiões calca-se na suposição de que os primitivos sonhavam e viam a representação de outro mundo. Encontravam pessoas com quem tinham convivido (pensavam-nas vivas em outro lugar = outro mundo). Assim deve ter começado a religião, segundo tal pensamento.

Teoria dos encontros com a natureza. Quando o ser humano vê a natureza percebe que outro ser a teria feito. Árvores gigantescas, águas cristalinas, animais, lua, chuva, céu, tudo é surpresa. Alguém deve ter feito tudo isso.

É o que se denomina *supernaturalismo*, ou seja, a atitude dominada pela admiração do misterioso. Há um ser misterioso que, liberado do corpo, torna-se espírito.

O que importa notar é que há uma busca para explicação do que não se conhece. Há questões que o ser humano não consegue responder e, pois, busca uma explicação sobrenatural.

A teoria de Émile Durkheim. O autor afirma que a religião surge para a procura de explicação sobre o mistério da existência. É uma questão *social*. A origem dos impulsos religiosos tem nexo com a consciência coletiva. O sagrado apenas tem importância na medida em que é útil. É uma das formas pelas quais o indivíduo age na sociedade.

A coesão social força os homens a se reunirem em torno de um conjunto de símbolos, de rituais, de noções de parentesco etc. O fundamento é apenas social.

Sigmund Freud, Carl Jung e David Hume. Os psicanalistas vão asseverar que a religião nasce da necessidade de o homem justificar seu desamparo. ("O futuro de uma ilusão"[30]) David Hume garante que a religião surge do "medo ansioso".

René Girard vê na origem religiosa a mitigação da violência concentrada no ritual do sacrifício – o bode expiatório ("A violência e o sagrado").

Karl Marx e Ludwig Feuerbach afirmam que é um falso sentimento e instrumento de dominação de uma classe. Daí ser "o ópio do povo".

Na verdade, a religião, antes de ser um instrumento de conforto, é fonte de angústia.

A religião como fenômeno neurológico. A ciência cognitiva da religião vem afirmando que a religião brota de um fenômeno neurológico. Anota Reza Aslan que todo impulso "é gerado por reações eletroquímicas complexas no cérebro".[31]

O retorno à origem. De onde vem a ideia de alma? Não se pode dar resposta positiva.

> Na verdade, a teoria cognitiva da religião está correta, foi a crença na alma que levou à crença em Deus. A origem do impulso religioso, em outras palavras, não está enraizada em nossa busca de significado ou em nosso medo do desconhecido. Não nasce de nossas reações involuntárias diante do mundo natural. Não é uma consequência acidental do funcionamento complexo de nossos cérebros. Ela é resultado de algo muito mais primitivo e difícil de explicar: nossa crença arraigada, intuitiva e inteiramente sensitiva de que somos, o que quer que sejamos além disso, almas encarnadas.[32]

---

30 FREUD. Sigmund. *O futuro de uma ilusão*. Rio de Janeiro: Imago, 1996.
31 ASLAN, Reza. *Deus – Uma história humana*. Rio de Janeiro: Zahar, 2018, p. 46.
32 *Ibidem*, p. 53.

-O H.A.D.D. – Dispositivo hipersensível de detecção de agente. Nosso dispositivo de sensibilidade nos possibilita humanizar qualquer fenômeno. Assim, Deus é criado à nossa imagem ou somos feitos a Sua imagem. Personalizamos e humanizamos Deus e os deuses.

Como apenas nos conhecemos, pretendemos que os seres divinos ou extraterrestres tenham nossa imagem e nossos sentimentos. Os deuses se alimentam (vide a ambrosia e o néctar na mitologia grega, tanto que Ganimedes foi sequestrado por Zeus para ser o garçom divino). Os deuses usam roupas, têm relações sexuais (Zeus foi poderoso amante, Apolo encantava divindades e humanas, Ares seduziu Afrodite, mulher de Hefesto, deus do além), têm ciúmes, ódio e sentem como humanos.

A evolução como instrumento do conhecimento dos deuses. A caça, recurso originário para alimentação, obriga o homem a dominar o espaço. Saber onde encontrar a caça era obrigação do caçador. Na medida em que o homem nômade torna-se sedentário ele se obriga a dominar o tempo. Tinha que saber o ciclo das chuvas e o período de plantio e colheita.

Começam a surgir os primeiros conglomerados humanos e, então, a necessidade de disciplinar o uso do espaço público, bem como adotar restrições aos comportamentos. A agricultura e o desenvolvimento de objetos para seu aprimoramento tornaram-se essenciais. Surgem problemas de deficiências vitamínicas, porque o ser humano passa a consumir grãos ao invés de carne. Os dentes pioram.

Adoração de ídolos. A adoração do divino começa pela crença no transcendente, isto é, na existência de uma vida após a morte. O mundo do além seria dirigido por Deus ou por deuses. Para simbolizá-los, os homens lançam mão de ídolos, ou seja, o sacerdote levava ao conhecimento do povo que um objeto *simbolizava o deus*. Não era o objeto que devia ser adorado, mas o espírito que nele morava.

Logo, quando os cristãos ortodoxos ou os gregos adoram imagens ou ícones, não estão reverenciando os objetos que os representam, mas os espíritos encarnados neles. É a aparência física do deus na Terra.

Da mesma forma que se acredita que Deus nos fez à Sua imagem e semelhança e que Ele tem emoções humanas (o Deus de Israel é um Deus vingativo e punitivo), o objeto que o representa tem nele sua *encarnação*.

Quando os deuses indianos são representados com uma série de braços e pernas, não significa que tenham fisicamente tais características, mas que possuem mais braços ou mais pernas para desenvolver melhores e maiores trabalhos para os humanos. Quando têm mais olhos, significa que buscam olhar melhor por seus crentes. Não é o caso do Argos grego, que tinha olhos para vigiar. Mas a caricatura e os excessos da representação dos deuses significam que eles nos querem mais e, pela quantidade de membros, buscam maior proteção para todos.

A representação dos deuses incorporados em animais significa que buscam maior prosperidade. A vaca, por exemplo, é a nutriente de todos. O leão identifica a força. A coruja, a sabedoria. A águia, a esperteza e também a força. O chacal representa o deus do Além, porque era o devorador de cadáveres.

Quanto mais a representação identificava as forças da natureza, mais havia a identificação com os deuses dos antepassados, que eram animistas.

A representação dos deuses como semelhantes aos humanos, antropomorfia, revela, como disse Xenófanes de Cólofon: "Se cavalos, bois ou leões tivessem mãos, os cavalos desenhariam as figuras dos deuses como cavalos, e os bois como bois".[33]

---

[33] XENÓFANES DE CÓLOFON. *Pré-socráticos*. São Paulo: Abril, 1978, p. 64, fragmento 15. (Coleção Os Pensadores).

Politeísmo e monoteísmo. Na origem, as populações primitivas acreditavam em muitos deuses. Cada qual correspondia a um fenômeno. O Sol era adorado tanto quanto a Lua, os trovões, a chuva etc. Cada qual tinha um nome e era respeitado e adorado.

A primeira tentativa de introdução do *monoteísmo* de que se tem notícia ocorreu no Egito por volta de 1533 a.C., com a assunção do faraó Amenhotep IV. Mudou seu nome para Akhenaton (Amon-Rá está satisfeito), pois tinha havido a fusão dos deuses Amon e Rá. Mudou a cidade sede de seu reinado fundando outra (hoje Amarna) e, inspirado no Sol, instituiu o monoteísmo, aboliu a crença em todos os demais deuses e destruiu todas as estátuas de veneração dos deuses antigos.

Evidente que os sacerdotes, classe dominadora e que foi afastada, buscou a derrota do faraó, o que ocorreu. Acreditava Akhenaton em apenas um deus. Isso despertou a ira dos sacerdotes, que o eliminaram.

Nova tentativa de introdução do *monoteísmo* ocorreu no Irã com Zaratustra (perto de 1100 a.C.). Pertencia à classe sacerdotal, abandonou suas obrigações e vagou pelas estepes e vales. Foi alcançado por uma luz branca quando se banhava e garantiu a existência de um deus único – Ahura Mazda. Surgia o profeta com a revelação do deus único. Havia o dilema da existência do mal. Afirmou que o mal não foi criado por Ahura Mazda, que apenas criou o bem, mas este não pode existir sem o mal, que é seu oposto negativo. E tem que ser dominado. Cosmologicamente, a situação era dual. Religiosamente, um único deus.

Há uma distinção entre *monolatria* – culto de um único deus (admitindo a existência de outros), e monoteísmo (a existência de um só deus).

Zaratustra criou o julgamento depois da morte em que seriam sopesados os atos bons e maus que cada um teria praticado. Os antigos deuses politeístas foram transformados em anjos ou demônios.

O henoteísmo significa a crença em apenas um deus acima de todos os demais. Crença em um deus superior. Surge o *politicomorfismo*, ou seja, a divinização da política terrena. À época, a mitologia mencionava que houve um confronto entre forças do mal e do bem. Marduk afirmou que livraria os humanos de todos os males e derrotaria as forças do mal se o fizessem rei único. Houve concordância e Marduk cumpriu sua promessa. Tornou-se rei único.

No plano da divindade foi refletido o resultado da política terrena.

O judaísmo. No início, Deus se chamava EL. Depois, foi incorporado em Javé. O Pentateuco (que, segundo consta, teria sido escrito por Moisés, mas não há sequer comprovação de que ele tenha existido). A Torá narra a história dos judeus. Não há comprovação histórica de que os judeus tenham sido aprisionados no Egito.[34]

O *michná* (séculos I e II d.C.) tentou compor um texto de leis, mas o *Talmude* (ensinamento – 220 a 400 d.C.) contém o código a ser seguido. Foi Maimônides quem o interpretou. A cabala contém a mística judaica. Segue-se o *Zohar* – doutrina mística cujo objetivo é o conhecimento e a descrição das obras misteriosas da divindade. A *cabala* contém orientações místicas dos dez *sephiroth*.

O Pentateuco contém lendas e histórias misturadas e provém de diversas fontes: a) javista, eoísta, sacerdotal e deuteronomista. Balbúrdia de compreensão. Israel significa "El persevera". O povo judeu não era monoteísta. Há muitos deuses em sua origem (Deuteronômio, 32:8-9); Javé assume características femininas (Isaías, 42:14 e 46:3). No Êxodo há diversos deuses (15:11). Javé depois se impõe.

Todos são textos que buscam explicar determinada orientação religiosa. Aqui não estamos preocupados com o acerto ou não de

---

34 cf. ASLAN, 2018, p. 110.

qualquer doutrina. Apenas identificando-as para comparar com os diversos ramos do direito em sua exegese. A hermenêutica jurídica vale-se de todos os ramos de conhecimento para busca da solução de casos concretos.

Na sucessão há o *logos*, a razão. A noção de deus-homem não era desconhecida entre os romanos (os césares assim se rotulavam, o mesmo tendo feito Alexandre Magno no Império macedônico). Houve uma corrente que sustentava a existência de um único Deus que estava em Jesus (Paulo de Samósata, 200 a.C.).

Marcião diz que os deuses são dois. Um era o Deus cruento e odioso que matava e mandava matar e, o outro, era Jesus, Deus encarnado. Javé era outro.

Diocleciano ordenou a matança dos cristãos, mas foi sucedido por Constantino, que viu a cruz (*in hoc signo vinces*) e se converteu. Realizou o Concílio de Niceia, tendo feito todas as reformas que queria.

Agostinho, bispo de Hipona (354-430), foi quem entendeu que Deus é uno, mas tem três formas – Pai, Filho e Espírito Santo. A Trindade passa a prevalecer com a mesma *substância* para cada um de seus componentes.

O islamismo. No século VI d.C. surge Mohammad Ibn Abdallah Ibn Abdullah Muttalib Sashin. Maomé, que se casa com Kadija, enriquece nos negócios e passa a receber mensagens transcritas no Alcorão. O Deus é único – Allah. Identifica Allah com Javé e afirma que todos os profetas anteriores são legítimos profetas, inclusive Jesus. Aceita a virgindade de Maria, confirma os escritos do Antigo Testamento e garante o *tawhid*, ou seja, a unificação. Deus é uno. Rejeita ídolos porque não há imagens de Allah.

O sufismo. Há um poeta sufista do amor, Jalal ad-Din Rumi. Ele e seu amigo e mentor espiritual, Shams-i Tabrizi, pregam a unidade de

Deus, só que não há um deus espiritual. Deus é um e, pois, deve ser tudo. Se é indivisível, é todos os seres e todos os seres são Deus. O mundo é Deus, pedras, animais e seres humanos. Deus é tudo que existe.

Mito, religião e filosofia. O fundamento é o mesmo. O *mito* "é uma realidade cultural extremamente complexa, que pode ser abordada e interpretada através de perspectivas múltiplas e complementares".[35]

O ser humano abisma-se com a complexidade da vida, da natureza e do mundo, e busca uma explicação possível para compreender os segredos. Busca-se entender a origem do mundo, dos animais, das plantas e do homem.

Diz Marilena Chauí que o mito "é uma fala, um relato ou uma narrativa cujo tema principal é a origem".[36] A religião vem do latim *re ligare* (unir, vincular). Ligar o quê? O mundo sagrado e o profano. Já não é procurar explicação para os fenômenos, mas aceitar a existência da alma e do *mundo sagrado* ou transcendente.

Explica Marilena Chauí:

> O *logos* busca a coerência, construindo conceitualmente seu objeto, enquanto o *mythos* fabrica seu objeto pela reunião e composição de restos díspares e disparatados do mundo existente, dando-lhes unidade num novo sistema explicativo, no qual adquirem significado simbólico.[37]

A religião conecta o mundo sagrado e o profano. O ser humano procura encontrar conforto na abstração e na espiritualidade. *A filosofia* busca compreender, pelo conhecimento, as coisas do mundo.

---

35 ELIADE, Mircea. *Mito e realidade.* São Paulo: Perspectiva, 2000, p. 11.
36 CHAUI, Marilena. *Convite à filosofia.* 12. ed. São Paulo: Ática, 2002, p. 310.
37 *Idem.*

Conclusões. O homem tem a tendência eterna de buscar um deus externo. Alguém (ou alguma coisa) que está em outro mundo. Extraterreno. Transcendente. Acima de tudo.

Trata-se de uma busca infrutífera. Simplesmente, não existe um deus. O homem cria deus. À sua imagem. Antropomorfiza sua imagem. Imagina deuses iguais a si. Foi o que sucedeu na Grécia e em Roma. Ali, os deuses eram seres iguais aos homens, que viviam num lugar inalcançável, mas conviviam com eles e interferiam em sua vida.

Na Idade Média, a Igreja foi terrivelmente drástica e se utilizou de todos os recursos para manter a fé em um deus odioso e punitivo. Com o Iluminismo, quebrou-se um pouco da fé, embora ela subsistisse. Com o islamismo, três passaram a ser os defensores do monoteísmo. Os judeus veem sua religião mais como uma reunião de ideias e de defesa contra agressões que sofreram ao longo da história (Holocausto). O islamismo possui diversas interpretações e tem sido utilizado para justificar o terrorismo de Estado, por meio da *jihad.*

Enfim, o que resta das religiões? Nada. Pensamentos esparsos, fé diluída, prevalência do aspecto social sobre o religioso. As religiões se pulverizam, viram ópio do povo no dizer de Marx. Em verdade, é poderoso instrumento de controle social e de dominação sobre os crentes.

Todos imaginam, não só na Antiguidade, mas também hoje, que os sacerdotes (rabinos, aiatolás, padres) possuem o conhecimento e a exclusividade de dialogar com o divino. Logo, detêm força invejável.

Em diversas civilizações já extintas, o poder se encontrava nos sacerdotes, porque eles detinham o poder de conversar com a divindade. Previam chuvas (porque tinham conhecimentos específicos de astrologia), nevascas, transformações climáticas, sabiam a época do plantio, enfim, eram poderosos porque recebiam mensagens do outro mundo. Dialogavam com o divino e, então, tinham a força do transcendente. Daí sua respeitabilidade. Ocorre que, diante das alterações climáticas, começaram a errar na previsão do futuro e foram mortos pela população revoltada.

Hoje, há um conflito permanente entre crentes e ateus. A maioria é daqueles, sem dúvida, que são explorados com o pagamento do dízimo e com contribuições para manutenção de luxo dos integrantes da Igreja.

A prática confessional dá aos sacerdotes poderio em obter diversas informações importantes. O aparato de riqueza impõe distância das populações carentes. O pobre tem medo de se aproximar dos sacerdotes porque não tem conhecimento para dialogar com eles. O luxo em que vivem os representantes da divindade na terra é alarmante e nada desprezíveis são os verdadeiros tesouros que possuem em prédios, obras de arte, além de educação primorosa. A vida dos religiosos é distante das comunidades e deve ser mantida distante dos olhos comuns, porque, assim, mantém-se a crença de que são pessoas privilegiadas, não só por terem cultura maior, mas também por se manterem distantes (as verdades não são sabidas pela comunidade).

A Igreja mantém seu aparato burocrático e sua riqueza. Tesouros sem fim ornamentam igrejas em todo o mundo. Deles não abrem mão. Mas nunca se compararam com os lírios do campo com os quais nem Salomão, em toda sua glória, podia rivalizar. Todos os ensinamentos do jovem de Nazaré são desprezados. A prova da pobreza é desprezada. Os pescadores de almas viraram pescadores de riquezas. Sem falar nos terrores da Inquisição.

Dostoievski viu muito bem o problema e o retratou no tema do Grande Inquisidor (parte dos irmãos Karamazov), em que imagina o retorno de Cristo à terra, quando o Inquisidor o prende e manda que desapareça, matando-o para que não estrague e destrua toda a aplicação dos ensinamentos de Cristo. O texto é notável e fala por si só.

Se não há Deus, o que temos em Seu lugar? Na verdade, as pessoas creem em Sua existência. Ninguém consegue dizer o que seja. Quem mais se aproximou de uma explicação plausível foi Aristóteles ("Metafísica"). Só que, em seu texto, o filósofo explicava o cosmo e não a religião. Todos se confundem quando fala em primeiro motor e causa das causas, ideias magistralmente manipuladas por Santo Tomás de Aquino, que as utilizou em sua interpretação teológica.

Em verdade, as pessoas precisam do divino. Como são "jogadas" no mundo, no dizer de Heidegger, surge o desespero (Kerkegaard) ou a náusea (Sartre) por se sentirem sós no mundo. O homem precisa de uma muleta afetiva. Quando se sente só, precisa do divino.

Aqui é que o problema se manifesta mais claramente. Quando não se consegue raciocinar, quando não se consegue compreender os fenômenos físicos, resta o estribo da fé. Esta é imponderável, inexplicável; simplesmente, crença. Crença em valores divinos. As pessoas a eles se apegam como salvação e como esperança. Foi o que restou da caixa de Pandora.

Não se pode extirpar a esperança da mente das pessoas. Elas precisam dela. Têm que acreditar em alguma coisa, sob pena de o mundo se tornar sórdido. Saber que nascem para morrer. Nada mais. Têm que se alimentar, reproduzir, estudar, ganhar a vida, tornarem-se importantes, ocupar cargos públicos relevantes... Para quê? Para morrer.

O raciocínio cru é duro. Daí o surgimento da fé. As pessoas têm que se apegar a alguma coisa, à família, ao relacionamento social, a festas, à consagração de relacionamentos, a se sentirem importantes. Tudo para quê? Para a morte.

Daí a crença em uma nova vida. Daí a expectativa de encontrar do "outro lado" virgens ansiosas ou os parentes, pais, filhos, amigos que, então, irão se reunir para sempre. Como nunca ninguém retornou (*lasciate ogni speranza voi ch'entrate*, como disse Dante Alighieri), o mundo do Além é o incognoscível, o desconhecido. Mas a fé supre o medo.

A fé é, pois, o mais poderoso instrumento do crente para manter-se vivo e acreditar na vida, na expectativa, sempre, de outro mundo melhor. É isso e apenas isso que mantém os seres humanos vivos. O indiano vive na expectativa da reencarnação. O islamita busca a vida do outro lado na crença de ser recebido por Allah e pelas virgens prometidas (embora as mulheres não tenham a mesma prerrogativa). O cristão aguarda uma vida melhor no paraíso ao lado de anjos e santos. O budista tenta alcançar o nirvana pela realização de seu comportamento terreno e na dominação dos instintos. O judeu acredita que se reencontrará com Deus (Adonai, Javé) e terá vida melhor onde não haja preconceito.

A fé anima todos. Só que a fé contém um vazio, que se assenta apenas na crença de uma vida melhor junto à divindade. Na verdade, a dureza é não crer e pensar que se está aqui apenas e tão somente para morrer.

Ao lado das desigualdades naturais, como disse Rousseau, existem as desigualdades sociais criadas pelo ser humano. Aí cada um aproveita como pode o acesso social. A busca da vida boa, da vida feliz, é uma constante do ser humano. Freud disse, com propriedade, que vivemos em busca do prazer e evitamos a dor. Só que a imensa maioria da população não consegue. Vive na penúria, em tugúrios, em casebres sem infraestrutura urbana, em pocilgas, não tendo acesso aos bens básicos da vida, à alimentação, a uma vida digna.

Somente a fé cega mantém viva a religião.

Creio firmemente que apenas a natureza existe. Não há outro mundo. O que pode haver são outros mundos físicos com seres parecidos ou iguais a nós. O que não há é o mundo transcendente com anjinhos e santinhos tocando lira assentados sobre nuvens.

O cosmo é gigantesco. Bilhões de estrelas, cometas, sóis, luas, galáxias etc. Tudo tem existência de bilhões de anos-luz. Como crer que isso foi feito por alguém? O mundo é o mundo. Está aí. É o desconhecido. É o que nos amedronta.

Ocorre que se cremos que somos apenas matéria que se desfará em pó e que não há uma alma separada do corpo, mas que alma e corpo são uma coisa só e que ambos se desfarão num belo dia, resta-nos a possibilidade de viver bem e em paz, talvez sob o regime budista, procurando o bem-estar, mas sem o controle das emoções. Estas são inatas e, pois, devemos vivê-las intensamente. Não refugar sua existência ou tentar controlá-las para que não possamos viver com profundidade.

A vida nos foi dada em uma noite de sexo. Eis a origem do mundo (como na tela de Courbet que se encontra no Museu D'Orsay, em Paris). Um espermatozoide uniu-se a um óvulo. Germinou-o. Nascemos... para morrer. É a fatalidade da vida.

A religião, sem dúvida, é poderoso ópio que alimenta as ilusões da maioria. As pessoas vivem permanentemente na esperança de um novo mundo no além, onde as coisas serão melhores. É uma ilusão, como disse Freud, mas que nos anima e nos mantém vivos.

A política é pródiga em alimentar nos homens promessas de vida melhor. Inúmeras propostas são feitas para diminuição das desigualdades sociais, para diminuição da fome no mundo, para amparo dos desfavorecidos, para proteção dos vulneráveis. Promessas jamais cumpridas. Não é de agora. Desde todos os tempos.

A religião é poderoso instrumento de contenção da fúria que está incontida na sociedade. Há um rumor de angústia que cresce a todo instante. Seja a religião, sejam promessas políticas, ambas têm o poder de desarmar os espíritos. Assim, prossegue a dominação. A religião anestesia os sentimentos e embota a razão.

Ateu ou agnóstico? Tanto faz. Um não aceita a existência de um deus; o outro duvida. O resultado é o mesmo. Pelo menos no agnóstico não há fé. Não há esperança. A matéria conta. A matéria movimenta o mundo. A alma é matéria anexada ao corpo. Uma só coisa. Sem fé e sem religião.

Um dos maiores autores a tratar das religiões foi Max Weber. Buscou a ética na religião. Alude ao *ressentimento* de Nietzsche, que considera a glorificação moral da piedade como uma *revolta dos escravos*. Surge daí um confronto que gostaríamos de analisar. A religião nasce do povo pobre ou dos ricos?

No meio de um povo nasce alguém com alguma perspicácia superior à de todos. Começa a perceber o movimento dos astros, a produção agrícola, a previsão das chuvas e de outros fenômenos naturais. Adquire, assim, uma *ciência* que os outros não têm. Logo, passa a ser um ponto de referência de informações e previsões. No mais das vezes, acerta e passa a ter prestígio junto à comunidade. De igual maneira, começa a testar ervas e logra obter algum conhecimento para mitigar o sofrimento, tais como dores, mal-estares e até um conhecimento do interior do corpo. Com isso, passa a ser um *mágico*.

Diz Weber que "o prestígio dos mágicos particulares, e dos espíritos ou divindades em cujos nomes eles realizavam seus milagres, angariou-lhes proteção, a despeito de sua filiação local ou tribal".[38]

Mágicos e sacerdotes assumiram a função de minorar sofrimentos e orientar as pessoas. Aos poucos, passaram a ouvi-las em confissão.

---

38 WEBER, Max. *Ensaios de sociologia*. Rio de Janeiro: Zahar, 1979, p. 315.

Afirma Weber que "os oprimidos, ou pelo menos os ameaçados por uma desgraça, necessitavam de um redentor e profeta".[39] Uma religião profética tinha como centro as camadas sociais menos abastadas.

Os intelectuais tentaram o racionalismo para compreender a religião. A gnose deveria recair sobre o cosmo. Apenas ele nos fornece uma explicação racional.

---

39 WEBER, 1979, p. 317.

3

RELIGIÃO. O SAGRADO

Em primeiro lugar, impende afirmar que não existe religião falsa. Todas vêm da ligação (re + ligare = unir, vincular) entre o profano e o sagrado. O sagrado é o que é retirado do mundo dos homens. Giorgio Agamben discorda de tal interpretação e afirma que a origem está em *relegere*, que "indica a atitude de escrúpulo e de atenção que deve caracterizar as relações com os deuses".[40] Ainda, define religião como "aquilo que subtrai coisas, lugares, animais ou pessoas ao uso comum e as transfere para uma esfera separada".[41] Vê-se que a primeira definição não está errada, porque se há uma esfera separada ela é sagrada, o que a subtrai da outra esfera, que é profana.

Seja como for, o que importa é que se fala de um mundo imanente e de outro transcendente. O sagrado está em lugar inacessível ao humano.

---

40 AGAMBEN, Giorgio. *Profanações*. São Paulo: Boitempo, 2012, p. 66.
41 *Ibidem*, p. 65.

Tal mundo só existe pela fé ou pela crença que cada qual tem em sua religião. Há diversas e com os mais diversos ritos. Quando o ser humano precisa dos deuses, eleva-se a eles em prece. Ora, reza, invoca, busca trazer o deus até ele para atender seu pedido. O deus é meramente imaginado. Ninguém o vê nem fala com ele. Ninguém o conhece.

Após a reza, o crente oferece seu sacrifício. Promessas, jejuns, peregrinações a lugares sagrados, tantas orações. Outrora o sacrifício chegava à vida. No paganismo submetido a rituais sacros (havia a crença em deuses), o xamã determinava sacrifícios pessoais. O oferecimento de animais e até da vida humana era trocado pelo "milagre" da solução de um problema.

Diversas religiões existem no mundo. Nenhuma falsa ou verdadeira. Todas possuem determinadas características, têm origem e rituais próprios. O cristianismo funda-se na Bíblia; o islamismo, no Alcorão; o budismo, nos ensinamentos de Buda ("Analectos"); o hinduísmo, em seus livros sagrados ("Ramaiana", "Vedanta", "Baghta Gita"); e o judaísmo, na Torá. Cada qual relata uma história. O crente acolhe uma delas e nela crê.

O Mahabharata descreve a batalha gigantesca entre o bem e o mal.[42]

Cada religião tem seu rito de adoração dos deuses. Narra sua origem numa história que teria sido vivida por determinado povo em certa época. O cristianismo narra a vinda do Deus-homem à terra, sua convivência, seus milagres. O islamismo conta a vida de Maomé, seu casamento, suas lutas, seu encontro com Gabriel, que lhe transmite os ensinamentos de Alá. O hinduísmo tem sua história narrada em diversos livros, a batalha pela recuperação da rainha,

---

42 ELIADE, Mircea. *História das crenças e das ideias religiosas*. v. II. Rio de Janeiro: Zahar, 2011, p. 209.

os conselhos dados por Rama durante uma batalha. O Pentateuco relata a escolha de Abraão como pai das nações e a instituição de um povo escolhido. O budismo contém a vida do Iluminado, seu reinado, sua fuga do palácio do pai, sua trajetória de busca do nirvana e o encontro da luz.

Cada uma delas tem seu rito. Institui símbolos representativos de cada culto. A cruz, o peixe, o minarete, a Caaba, o Muro das Lamentações, as mesquitas, os templos do hinduísmo e do budismo. Todos são instrumentos fortíssimos de fé e já geraram conflitos em todos os lugares do mundo.

O cristianismo, mais perto de nós, tem buscado, ao longo dos séculos, uma interpretação sobre o nascimento de Cristo, sua doutrina aprimorada ou alterada por Paulo e por inúmeras seitas, divergências e movimentos que dissentiram da doutrina oficial do catolicismo − movimentos como o bogomilismo (930 d.C.), os cátaros ou albigenses, perto do ano 1000; todos os teóricos (Tomás de Aquino, Duns Scot, Ockhan, Mestre Eckart); na igreja ortodoxa surgiram os hesicastas; advém, no século XVI, a reforma com grandes nomes, como Lutero, Zuínglio e Calvino; para não falar no hermetismo (Hermes Trimegistro, Marsílio Ficino, Pico della Mirandola e o grande Giordano Bruno).

3.1. O CONTRAPONTO

Freud foi um dos notáveis autores que discutiu as religiões e chegou à conclusão de que a crença é uma ilusão.[43] Sobre as doutrinas

---

43 FREUD, Sigmund. *O futuro de uma ilusão*. v. XXI. Rio de Janeiro: Imago, 1996, p. 40.

religiosas afirma: "Podemos agora repetir que todas elas são ilusões e insuscetíveis de prova".[44]

Garante que as religiões servem para "domar instintos associais".[45] No entanto, não precisamos temer a Deus porque Ele não existe.[46] E termina: "a religião seria a neurose obsessiva universal da humanidade".[47]

Nietzsche foi duro crítico do cristianismo. Afirma que ele "tomou o partido de tudo o que é fraco, baixo, malogrado, transformou em ideal aquilo que contraria os instintos de conservação da vida forte".[48] A religião despertou no homem o instinto do rebanho.[49] Ele anuncia a morte de Deus.

Em verdade, a religião tem sido contrariada desde os tempos gregos pelos atomistas, pelos epicuristas e, posteriormente, em Roma, por Lucrécio.

Quem tem uma visão não criadora, mas evolucionista da vida, pode perfeitamente descrer de todas as religiões. Elas são, na verdade, fruto do medo da natureza ou da vida em sociedade, como afirma Durkheim.

Ainda que professemos a ideia da inexistência de um mundo transcendente, tal não importa aqui, porque o que buscamos é efetuar um paralelo entre o direito e a religião. É por aí que caminharemos.

Diz Émile Durkheim que "não existem religiões falsas".[50] Diz o autor que, para se compreender a religião, é preciso voltar às suas formas primitivas. Ademais, "não existe religião que não seja uma

---

44 FREUD, 1996, p. 40.
45 *Ibidem*, p. 46.
46 *Ibidem*, p. 48.
47 *Ibidem*, p. 52.
48 NIETZSCHE, Friedrich. *O anticristo*. São Paulo: Cia. das Letras, 2007, p. 12.
49 NIETZSCHE, Friedrich. *Genealogia da moral*. Petrópolis: Vozes, 2009, p. 33.
50 DURKHEIM, Émile. *As formas elementares da vida religiosa*. São Paulo: Abril, 1978, p. 206. (Coleção Os Pensadores).

cosmologia ao mesmo tempo em que uma especulação sobre o divino".[51] Entende-se a religião como produto social.

Na religião há "algo de eterno que está destinado a sobreviver a todos os símbolos particulares nos quais o pensamento religioso sucessivamente se envolveu".[52] Como anota Agamben, há em Durkheim uma ambiguidade na noção do sagrado.[53]

Na concepção de Agamben, o sagrado está retirado da vida humana. Faz curiosa equiparação do sagrado com o matável.[54] Um e outro estão fora da lei dos homens.

No direito, o sagrado é tematizado como "decisão judicial não se discute, se cumpre". O juiz que não recebe as partes para alegações, como determina a lei, julga-se sagrado. Ele está "fora" ou "além" da lei.

Nunca houve quem tivesse tido a oportunidade de realizar a catábase, isto é, descer ao mundo "infernal" para visualizar o que seja a *justiça*. Mas há notícias – Ulisses, por exemplo, teria ido e falado com sua mãe e com Tirésias; Orfeu foi buscar sua querida Eurídice. Vê-se, pois, que justiça e religião são separadas. Na mitologia egípcia, Ísis ressuscitou Osíris e recompôs seu corpo, que havia sido cortado.

---

51 DURKHEIM, 1978, p. 211.
52 *Ibidem*, p. 230.
53 AGAMBEN, Giorgio. *Homo sacer* – O poder soberano e a vida nua I. 21. ed. Belo Horizonte: Editora da UFMG, 2010, p. 79.
54 *Ibidem*, p. 85.

4

ONDE RELIGIÃO E DIREITO SE UNEM. O ESTADO DE NATUREZA E A INSTITUIÇÃO DA JUSTIÇA

O mundo primitivo vivia da violência. Não entraremos no terreno da disputa do nascimento do Estado, se adveio de um pacto ou é se fruto de dominação. Cremos que as tribos originárias, ao se defrontarem, no mais das vezes, agrediam-se. Daí a expressão *homo homini lúpus*, inicialmente utilizada por Plauto e consagrada por Hobbes em seu *Leviatã*.

Sem dúvida, as tribos e as hordas tinham suas regras. Aí começa a ingerência do direito e sua interconexão com a religião. Todos tinham uma forma de temor pelo desconhecido, instituindo formas de diálogo com forças superiores (basicamente da natureza) e idealizando deuses que tomariam conta de diversas manifestações. Ao instituir o denominado *sagrado*, criaram ritos para o apaziguamento dos deuses e, ao mesmo tempo, normas que resolvessem as pendências surgidas entre seus membros. Os deuses deveriam ser respeitados, adorados. Em caso de descumprimento das regras haveria punição.

A sanção nasce como a resposta à infração. O comportamento contrário ao comportamento desejado (obrigatório ou proibido) era retribuído com uma reação do ordenamento. Qualquer agressão à divindade ou mesmo à quebra das regras no tratamento com estranhos, com pessoas da família, com amigos, com os chefes, era punida. As punições eram instituídas por eles próprios e podiam variar desde o afastamento da tribo até a morte. O sacrifício (morte do agressor) era a satisfação maior aos deuses para compensar o crime cometido.

Como diz René Girard, "a função do sacrifício é apaziguar as violências intestinas e impedir a explosão de conflitos".[55] Tanto a morte de alguém como a punição gerava a *vingança*. Esta era interminável e mantinha o confronto perpetuamente.

Era imperioso por um fim à vingança que ameaçava a estabilidade social dos envolvidos. "As decisões da autoridade judiciária afirmam-se sempre como a última palavra da vingança".[56]

Com a instituição dos Estados há a proibição da vingança. Eles chamam a si o dever de punição em caráter terminativo.

Na ausência de um órgão imparcial, distante dos interesses das partes e que pudesse fazer justiça rapidamente, as punições eram aplicadas de forma parcial, fundadas na mera opinião do chefe. Eram respeitadas, mas criavam, ao mesmo tempo, a inconformidade de quem não havia sido vingado. Crescia um descontentamento permanente, impunha-se a criação de um órgão que fosse titular do poder definitivo da vingança. Instituiu-se o Judiciário.

---

55 GIRARD, 1998, p. 26.
56 *Ibidem*, p. 28.

Como diz Girard, "o ponto de ruptura situa-se no momento em que a intervenção de uma autoridade judiciária torna-se *obrigatória*. Somente então os homens estarão livres do terrível dever da vingança".[57]

Uma primeira aproximação se percebe: religião e Judiciário, por força de suas funções, logram a pacificação da sociedade, solucionando os conflitos.

Hoje não se diz que o Poder Judiciário é titular da vingança privada. Mas o que ocorre? Como na civilização não se pode mais matar o adversário, a vingança é transferida a um órgão que vai realizá-la. O Estado assume a titularidade da ação (por meio do Ministério Público) e valendo-se do argumento antropológico do desrespeito às normas instituídas pelo Estado, pede a condenação do réu. Após a produção de provas, ocorre o julgamento e a condenação sobrevém.

O sistema adquire foros de racionalidade. Não mais há a morte violenta sem comprovação de que ocorreu fato danoso em detrimento da vítima. Segundo Girard, "o sistema judiciário *racionaliza* a vingança".[58]

A autoridade judiciária detém, então, o monopólio da violência. É o que Max Weber vai chamar de uso da violência legítima. Para ele, "todas as formações políticas são de força".[59] A entrega do criminoso (infrator) a uma estrutura estatal para julgamento e punição acalma o elemento afetivo da vingança. Solidariza-se a repulsa à infração. O criminoso não comete a ação contra o outro, mas contra todos. Há a socialização da revolta.

Com a chamada da vingança para o Estado, acalma-se a sociedade e a violência cede. Apenas um é o titular da violência legítima.

---

57 GIRARD, 1998, p. 34.
58 *Ibidem*, p. 35.
59 WEBER, Max. *Economia e sociedade*. Brasília: Editora da UNB, 2009, p. 162.

"Somente o sistema judiciário não hesita em golpear frontalmente a violência, pois possui um monopólio absoluto sobre a vingança".[60]

O Poder Judiciário nasce com a propensão de ser titular na solução dos conflitos, seja de caráter criminal, civil, eleitoral, trabalhista etc. Nenhuma pendência pode deixar de ser levada aos tribunais. É o que diz o inciso XXXV do art. 5º da Constituição federal – "A lei não excluirá da apreciação do Poder Judiciário lesão ou ameaça a direito". A sociedade sente-se protegida.

Com o tempo, o Judiciário passa a ter o monopólio não só das decisões criminais, mas também de todas as demais no âmbito civil. Nada foge a sua apreciação, ninguém pode executar dívidas ou vingar-se nos devedores.

A acusação no campo penal, desde que haja crime, passa a ter outro titular, que é o Ministério Público. Ele chama a si a responsabilidade pela eventual apuração e consequente acusação. Só ele acusa. Ele é, de fato e de direito, o titular da ação penal, que insere a vingança da vítima. A racionalização e a profissionalização de seus integrantes são elementos essenciais e obrigatórios.

À Polícia Civil, como sempre, cabe a apuração e a colheita de provas. Denominada Polícia Judiciária, vai ao local dos fatos, colhe elementos, apura indícios, ouve pessoas, coleta provas. Ainda, verifica todos os dados que encontra no local do crime e os insere no denominado inquérito, que será o instrumento de calço na acusação e embasará o Ministério Público com os elementos apurados. Na sequência, vem a denúncia, peça acusatória.

Para tanto é importantíssimo que tenham sido coligidos todos os elementos identificadores do fato criminoso. São as provas.

---

60 GIRARD, 1998, p. 36.

5

AS PROVAS

No direito antigo, os deuses comandavam o espetáculo. As pessoas aguardavam os *sinais* dos deuses para saber se eles estavam contentes e apoiando as iniciativas deles. Foi assim que, avisado pelo oráculo de que enquanto não sacrificasse sua filha, os deuses não mandariam ventos para a largada dos navios, Agamêmnon determina o sacrifício de Ifigênia. Éolo, então, mandou os ventos. Isso dará margem a um dos grandes episódios lendários da humanidade. Agamêmnon, comandante da armada grega e vitorioso da Guerra de Troia, volta ao seu reino. Esperado pela rainha Clitemnestra, é assassinado em sua banheira juntamente a Cassandra, que trouxera como espólio de guerra. Posteriormente, Orestes e Electra vingam o pai matando a mãe, originando uma série de tragédias no mundo grego.

É bastante significativa a reação das Erínias quando do assassínio de Clitemnestra por Orestes, seu filho. Endoidecidas, queriam a morte do filho. Na origem, as Erínias eram as vingadoras dos crimes no interior da família. Segue-se o julgamento de Orestes ("As Eumênides"), em que Apolo defende o filho enquanto as Erínias o acusam. Surge o primeiro tribunal de júri, constituído por Atena. No empate, Atena decide pela absolvição. Daí surge a absolvição na hipótese de empate no julgamento. É o *in dubio pro reo*.

O que vale, para nosso intento, é a prova exigida pelos deuses – a morte de Ifigênia para que viessem os ventos. Bastava a prova dos sinais. Prescindiam de toda comprovação racional de existência do crime.

Na Idade Média, a solução era frequentemente dada pelas ordálias ou juízos de Deus. Independia de qualquer prova. Era Deus quem resolvia as pendências. Tudo era deixado na mão Dele. Ele solucionava as pendências e quem vencesse a disputa tinha razão. Era procedimento totalmente atípico, sem parâmetros.

Nos reinos surge a tradicional sucessão automática dos reis. O rei nunca morre. Fisicamente sim, mas prossegue o reinado. A teoria política foi estudada longamente por Ernst H. Kantorowicz em seu notável livro "Os dois corpos do rei".[61] Prova da sucessão no reino. O rei estava incorporado aos súditos e eles nele. O corpo político e o corpo natural são indivisíveis. A morte do corpo natural faz perdurar o corpo político. O rei está morto, viva o rei.

Os reis eram taumaturgos. Curavam sem precisar de qualquer remédio. Bastava o toque nas escrófulas.[62] A cura independia de prova.

---

61 KANTOROWICZ, Ernst H. *Los dos cuerpos del Rey*. Madrid: Akal, 2012.
62 BLOCK, Marc. *Os reis taumaturgos*. 2. ed. São Paulo: Cia. das Letras, 2018.

5.1. A VENDA NOS OLHOS DA JUSTIÇA

Tornou-se simbólica a deusa Têmis, que pratica a justiça com os olhos vendados. Como diz José M. Gonzáles García: "la venda en los ojos há sido siempre um símbolo positivo de la imparcialidad de la Justicia, la realidad histórica es que la venda aparece primero como señal de locura y necedad, como crítica de la injusticia".[63]

O símbolo que devia representar a imparcialidade da justiça é visto como loucura e insanidade. Antes de significar a autonomia e a distância que deve manter das partes, identifica o magistrado como cego ao não ver as diferenças existentes entre as partes, nem as significativas distâncias entre um lado necessitado e o outro milionário e nababo. O juiz, que deveria ser impressionado pelas diferenças sociais, passa ao largo de tais questiúnculas.

Originariamente, no entanto, a venda representa o distanciamento da justiça das diferenças sociais das pessoas dos contendores. A figura aparece no título 71 – "brigar e levar querelas ao tribunal" –, em que a justiça está de olhos vendados.[64] Por aí se percebe que a alegoria é "cobrir os olhos da verdade e impedir que o julgamento termine em pouco tempo".[65] O livro é de 1494.

Michel Foucault fez detalhada análise do texto de Brant logo no início de sua monumental *História da loucura*.[66]

O significado da venda nos olhos da justiça significa que o juiz não pode olhar para as partes. Tem que ser absolutamente imparcial. Não significa que não deva ou não possa se envolver pelo caso a decidir, mas deve manter distância dos interesses das partes. Ser emotivo não

---

[63] GARCIA, José M. Gonzáles. *La mirada de la justicia*. Madrid: Antonio Machado Libros, 2016, p. 128-129.
[64] BRANT, Sebastian. *A nau dos insensatos*. São Paulo: Octavo, 2010, p. 205.
[65] *Ibidem*, p. 205.
[66] FOUCALT, Michel Foucault. *História da loucura*. São Paulo: Perspectiva, 1978, p. 3 e 45.

significa querer que uma das partes vença a demanda. Ao contrário, vendo e examinando os fenômenos trazidos a sua presença deve proferir sua sentença com absoluta isenção. Eis o significado da venda mitológica nos olhos da justiça. A deusa não é néscia nem ignorante. O que revela a venda é a imparcialidade do órgão estatal.

Na religião também não se deve proceder de forma que sua mão direita não veja o que a esquerda faz.

6

O JÚRI E O ORÁCULO

A instituição do júri remonta ao oráculo. Diz Max Weber: "Este ocupa, por assim dizer, o lugar da consulta do oráculo e tão pouco quanto este dá as razões racionais de sua decisão".[67] No direito inglês há a decisão de ações civis no formato de júri independentemente de exposição de razões, fundamentos ou provas. No direito de origem romana não há o júri civil, mas, no penal, o júri decide de forma conclusiva sobre as provas, cabendo ao juiz o estabelecimento do direito e a fixação da penalidade.

O oráculo dava sua orientação, seu julgamento, independentemente de qualquer prova ou fundamentação. Bastavam o relato e a consulta e a resposta surgia.

A sibila mascava uma erva antes de proferir sua orientação. Sempre o fazia de forma ambígua. A sentença estava subordinada à interpretação dos destinatários.

---

67 WEBER, 2009, p. 75.

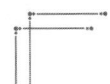

No Brasil, o tribunal do júri é formado pelo conselho de sentença, juízes leigos que se orientam pelas provas trazidas ao plenário e pelas orações dos advogados. A laicidade é importante para que se entenda que são julgados pelos "seus pares", ou seja, por pessoas saídas da mesma comunidade onde ocorreu o crime.

Os advogados tentam conquistar a convicção do corpo de jurados. Buscam extrair uma orientação favorável; o mesmo faz o órgão de acusação, buscando resultado condenatório.

OS SÍMBOLOS

Na Igreja, o padre usa paramentos litúrgicos: capa, capelo, turíbulo, sacrário para as hóstias. A antiga vestimenta preta era o que distinguia o padre de outras pessoas. Isso o identificava. Seus paramentos lhe dão caráter sacro. A Bíblia é o livro de consulta e se encontra no altar.

No Judiciário, a toga identifica o juiz. O livro sagrado se transmuda em códigos diversos. O padre fica no altar; o juiz, em mesa mais elevada, que o distingue dos advogados e promotores. Nos tribunais, a cancela divide os mundos. O profano aquém dela; o sagrado em seu interior. Ali, todos estão com becas. Na Igreja, o sacristão faz papel acessório. Nos tribunais, os secretários.

Altar e cancela são símbolos bastante identificadores dos dois mundos: sagrado e profano. Ambos se comunicam também por códigos: sinal da cruz e leitura da decisão. A fonte inspiradora das tradições é a Bíblia, na Igreja; os diversos códigos, no Tribunal.

Os capuchos que eram utilizados outrora em manifestações religiosas, especialmente no catolicismo mais conservador, podem ser equiparados, nos países anglo-saxões, às perucas dos juízes.

A venda nos olhos da deusa Têmis é o símbolo da imparcialidade. Diz-se que a deusa não pode fazer justiça com os olhos vendados. Como escrevi em *O juiz na sociedade moderna*,

> [...] a venda é uma burla à Justiça. Em um quadro que ilustra a edição de *A nave dos insensatos* de Sebastian Brand, de 1945, vê-se o bufão tapando por detrás os olhos da Justiça. Em *Barbegensis*, de 1517, o Tribunal aparece com capas de bufão e olhos cobertos de venda. Está escrito embaixo: tudo o que fazem estes néscios é dar sentenças contrárias ao direito.[68]

A Justiça, na Idade Média, era descrita pela beleza e majestade. Placentino, grande jurista, morto em 1192, descreveu o *Templum Iustitiae*. Nesse santuário viu a Razão, a Justiça e a Equidade convivendo com as seis virtudes cívicas.[69] A Razão ocupava a categoria superior e sentava-se sobre a cabeça da Justiça, que ocupava o lugar central. A Equidade tentava equilibrar a balança. Elas sustentavam as seis virtudes cívicas: religião, piedade, graça, reivindicação, observação e verdade. Essa era a visão de Justiniano, que determinara a Triboniano que inserisse o direito na mais bela das obras.

Em "Noites áticas",[70] Aulo Gélio simbolizou a Justiça como uma "virgem de aspecto atemorizante com olhos luminosos e com uma

---

68 OLIVEIRA, Régis Fernandes. *O juiz na sociedade moderna*. São Paulo: FTD, 1997, p. 72.
69 KANTOROWICZ, Ernst H. *Los dos cuerpos del rey – Un estudio de teologia política medieval*. Madri: Akal, 2012, p. 134.
70 GÉLIO, Aulo. *Noites áticas*. cap. XIV. Londrina: Eduel, 2010, p. 4.

venerável tristeza em sua dignidade". Percebe-se que uma das seis virtudes cívicas é a religião. José M. Gonzáles Garcia igualmente descreve as similitudes dos símbolos de Justiça e Religião no juízo final.

Os símbolos bem retratam os significados de direito e religião. Sempre estiveram envoltos em cavernosas significações. A religião lida com o transcendente. Só o sacerdote tem acesso às suas manifestações. Só ele sabe interpretá-las. Os significados não são acessíveis a todos e muito menos ao povo comum. É imperioso conhecimento especial para traduzir seus ditos à massa.

No direito ocorre a mesma coisa. O juiz é o intérprete da lei. É a boca da lei. É ele quem lê os textos e os interpreta. Ambos os textos são sagrados. O leigo, a ele não em acesso. Kafka deixou bem claro em *O processo* a simbologia com o pastor que busca acesso ao templo da Justiça.

8

INFRAÇÕES E PECADOS

Tanto o direito como as religiões estruturam uma relação codificada de comportamentos inadequados. A infração ou o pecado constituem condutas proibidas ou obrigatórias pelo ordenamento. Impõem ao indivíduo ou ao crente uma obrigação que, descumprida, leva à punição. Da mesma forma, se tiver sido imposta uma conduta proibida e ele a praticar, sofre a repulsa prevista na lei ou nos livros sagrados.

Diz Foucault que "a infração é uma das grandes invenções do pensamento medieval".[71] E prossegue afirmando: "A falta é uma infração à lei natural, à lei religiosa, à lei moral. O crime ou a infração penal é a ruptura com a lei, lei civil explicitamente".[72]

A similitude das previsões é idêntica. A tese é esta: o comportamento contrário ao previsto na lei ou no livro sagrado leva a uma

---

71 FOUCAULT, Michel. *A verdade e as formas jurídicas*. Rio de Janeiro: Editora da PUC, 2008, p. 66.
72 *Ibidem*, p. 80.

punição. É o descumprimento da obrigação ou proibição prevista. Ambos despertam uma reação da norma.

O ordenamento (legal ou sagrado) estabelece uma graduação de infrações e pecados. Chamo de pecado a infração religiosa e de infração as desobediências civis e penais (crime, contravenção, descumprimento contratual). A escala de punições é dada de acordo com o grau de hostilidade aos respectivos ordenamentos. Se pratico um furto de um sabonete, a reação do ordenamento é pequena; se cometo um homicídio, a reação é bem maior. A gravidade da infração (ou pecado) irá dosar a gravidade da punição. A ordem normativa reage distintamente à hostilidade.

Observe que a estrutura religiosa é a mesma do direito. Ambos contêm as obrigações e proibições em ordenamentos normativos; os dois estabelecem as punições respectivas e atendem à gravidade da violação da norma.

Enquanto, na Antiguidade, a caracterização da quebra da norma era apurada de maneira informal e as soluções tinham o mesmo caráter, modernamente, a comprovação tem caráter racional. As codificações atendem a critérios que demandam uma discussão perante os órgãos competentes (eclesiásticos ou civis), uma aprovação pelo critério majoritário e a publicação dos textos.

9
APURAÇÃO, INVESTIGAÇÃO E CONCILIAÇÃO

Nas sociedades modernas nenhum fato é dado como comprovado de forma a envolver aplicação de sanção sem que tenha sido apurado pelas formas especificadas nas normas.

Outrora, no campo religioso, a confissão era a rainha das provas. Quando o Inquisidor chegava e alguém reconhecia seu erro ou heresia, dava-se o fato por comprovado e se aplicava a sanção correspondente.

Negado o fato, impõe-se uma fase de dilação probatória, ou seja, apura-se a ocorrência efetiva do fato, as circunstâncias em que ocorreu e são pesquisadas provas, a saber: testemunhas, documentos, indícios que possam levar à demonstração não só da ocorrência do fato, mas do modo como foi operado.

Em Édipo Rei (tragédia de Sófocles), já se delineia a apuração mediante provas. Édipo decifrara o enigma da esfinge e recebera como paga a mão da rainha Jocasta, com quem teve quatro filhos. Nova praga atinge Tebas e o rei indaga ao oráculo como resolver o problema. O oráculo de Apolo responde que "existe um mal, aqui nascido e aqui agasalhado, tornando impura e corrompendo esta cidade",[73] e a única solução seria "extirpá-lo".[74]

O rei começa, então, uma apuração para saber quem teria matado o rei Laio (era o próprio Édipo que, sem saber, havia matado seu pai, o ex-rei Laio). Édipo convoca a sua presença Tirésias, o cego adivinho. Tirésias acusa o próprio rei: "Tu és a maldição que pesa sobre Tebas".[75] Reforça: "Digo que tu és o assassino do homem cujo assassino procuras!".[76] Assevera, ainda, que responde de acordo com o direito.

A peça indica a existência de um pastor a quem o filho de Jocasta com o ex-rei Laio havia sido entregue para ser morto. Convoca-se o pastor. Este comparece perante o rei e garante que havia levado "Édipo – o de pés inchados –" para o sacrifício, mas o entregara ao rei Políbio. O pastor é inquirido e esclarece que a criança que recebera para matar era Édipo.

Embora a sequência da peça seja importante, o que se disse é suficiente para nossa pretensão. O rei conduziu uma apuração para descobrir quem teria sido o assassino do ex-rei e chega-se à conclusão de que era Édipo. A busca da verdade instaura-se por um procedimento que se inicia pela perplexidade e pela indagação sobre como as coisas decorreram.

Vê-se que, na Antiguidade grega, já se exigiam provas de determinado acontecimento criminoso.

---

73 SÓFOCLES. *Édipo rei*. São Paulo: Abril Cultural, 1975, p. 11.
74 *Idem*.
75 *Ibidem*, p. 27.
76 *Idem*.

Instaura-se uma *enquête,* o inquérito. Este tem conteúdo apenas de apuração dos fatos. Nada mais. São colhidas evidências no local da ocorrência, ouvem-se testemunhas, inquire-se o possível indiciado. Enfim, faz-se a procura de todos os fatos que possam demonstrar a ocorrência do ilícito.

Indaga Foucault onde se encontra a origem do inquérito e responde:

> Nós a encontramos em uma prática política e administrativa de que irei falar-lhes, mas a encontramos também em prática judiciária. E foi no meio da Idade Média que o inquérito apareceu como forma de pesquisa da verdade no interior da ordem jurídica.[77]

Acrescenta o autor que "o direito é, pois, uma maneira regulamentada de fazer a guerra".[78] No direito feudal, o litígio "entre dois indivíduos era regulamentado pelo sistema da prova".[79] Direito formal. Nasceram os *ordálios,* "que consistiam em submeter uma pessoa a uma espécie de jogo, de luta com seu próprio corpo, para constatar se venceria ou fracassaria".[80] Quem ganhasse a luta vencia o processo. Apurou-se a ocorrência do *flagrante.* Tanto na religião como no direito é o fato que é verificado quando ocorre. Posteriormente, aparece uma figura externa ao conflito, o procurador.

---

77 FOUCAULT, 2008, p. 12.
78 *Ibidem*, p. 57.
79 *Ibidem*, p. 58.
80 *Ibidem*, p. 60.

O procedimento do inquérito tem algumas características apontadas por Foucault: a) o poder político é essencial; b) o poder se exerce por meio de perguntas para se apurar a verdade; c) o poder se dirige aos notáveis; d) o poder consulta os notáveis.

Pontua Foucault: "O inquérito teve uma dupla origem. Origem administrativa ligada ao surgimento do Estado na época carolíngia; origem religiosa, eclesiástica, mais constantemente presente durante a Idade Média".[81]

Detenho-me aqui. Vejam que mesmo a Igreja já não se contenta com a confissão (que em determinadas hipóteses é acolhida), buscando, por outros procedimentos, apurar a *verdade fática*. O mesmo faz o direito. Estrutura um procedimento para ouvir testemunhas, colher provas escritas, detectar indícios comprobatórios.

Tem também interesse a figura da *conciliação*. A Bíblia recomenda (Mateus, 5:25): "Entra em acordo sem demora com o teu adversário, enquanto estás com ele a caminho, para que o adversário não te entregue ao juiz, o juiz, ao oficial de justiça e sejas recolhido à prisão".

Em todos os ramos do direito utiliza-se a conciliação como forma de pacificar os conflitos. A conciliação significa que as partes devem abrir mão de algum de seus direitos para que se componha a lide instaurada.

Admite-se a participação de juízes leigos para a solução dos problemas. Os Tribunais de Conciliação, Pequenas Causas e de crimes de menor potencial ofensivo sujeitam-se a uma fase de conciliação. Com isso, evita-se a perpetuação das lides e as partes saem mais satisfeitas quando "pensam" que ganharam do que com o advento de decisão contra uma delas.

---

81 FOUCAULT, 2008, p. 71.

Importante essa fase em que a autoridade busca um consenso para finalizar o dissenso. Tal providência é similar tanto no âmbito litúrgico como no judicial.

10

A LEI E A RELIGIÃO NO TEMPO. A PRESCRIÇÃO

Uma das grandes afirmativas feitas por Cesare Beccaria foi a de que não há crime sem prévia definição legal. De igual maneira, não há pecado sem previsão no texto da lei sagrada. Ninguém pode acusar outro sem que exista uma prévia cominação legal ou sagrada.

Nossa Constituição alberga a garantia daí advinda. O inciso XXXIX do art. 5º estabelece: "Não há crime sem lei anterior que o defina, nem pena sem prévia cominação legal". É garantia tanto no direito como na religião.

Na religião, para que haja infração às regras estabelecidas "pelos deuses", é imprescindível que o religioso saiba quais são. Nem por outro motivo é que Moisés recebeu os dez mandamentos diretamente da divindade, como narrado no livro do Êxodo (20:3-17 e 21).

A Bíblia homenageia tal garantia processual, exige a acusação. Foi o que Pilatos indagou aos que queriam condenar Jesus: "Qual é a acusação que vocês fazem contra este homem?" (João, 18:29).

Era imprescindível saber do que alguém estava sendo acusado. Para que se acusasse era necessário que a infração já viesse definida em algum texto legal.

Ninguém pode aderir a uma fé ou obedecer a uma norma se não a conhece. Primeiro ponto é saber o que professa e o que se obedece. Daí a importância do tempo. No direito pode envolver aquisição de direitos (prescrição aquisitiva) ou perda. O procedimento judicial é regido pelo tempo por meio dos prazos. A religião tem a mesma ideia. No islamismo, por exemplo, o crente é obrigado a orar cinco vezes ao dia. O muezim faz, periodicamente, o chamamento ao longo do dia.

A posse longeva de imóveis rurais ou urbanos dá ensejo à aquisição da propriedade. O pecado, por seu turno, pode ser interno ou exteriorizar sua ação. Se interno, traz o conflito subjetivo; externamente, sofre a reprovação dos fiéis e do sacerdote.

A ação regida pelo direito canônico prescreve em vinte anos. Sem dúvida, guarda sintonia com o bom senso e o olvido de pecados longevos. A qualquer hora, no entanto, chegando o fato ao conhecimento da autoridade civil ou religiosa, nasce o direito de apuração, inquirição e aplicação de sanções, se devidas.

11

DIREITO À DEFESA. RECURSO

A confissão cristã é a defesa do pecador. Ele se encontra com o representante de Deus na Terra e diz a ele seus erros. O mesmo ocorre com o réu perante o juiz em face de seu interrogatório.

Paulo foi quem mais fez sua defesa perante os tribunais. Nos "Atos dos Apóstolos" afirma que "a lei romana não condena um homem antes de ele ser julgado. Concede-se a ele uma oportunidade de defesa, face a face com seus acusadores".

A Bíblia contém exemplo interessante. Nicodemos indaga: "A lei permite condenar um homem, antes mesmo que ele seja julgado?" (João, 7:50).

No mesmo texto, quando condenado, Paulo diz "Apelo para César" (25:11). Invoca mesmo a presença de um advogado, afirmando em Timóteo 2: "ninguém me assistiu na minha primeira defesa" (4:16).

Pode também o fiel resignar-se, procurar a confissão e apresentar suas razões para ter cometido o pecado. O sacerdote conversa com ele, dá conselhos e, eventualmente, impõe penitência.

No direito, a defesa é garantida. Primeiro, existe o "devido processo legal" (inciso LIV do art. 5º da Constituição federal). Depois, "aos litigantes, em processo judicial ou administrativo, e aos acusados em geral são assegurados o contraditório e ampla defesa, com os meios e recursos a ela inerentes" (inciso LV da Constituição).

Assim, ninguém pode ser condenado sem ser ouvido e apresentar suas razões, como defesa no início e, depois, como recurso. Eventual descumprimento envolve a anulação de todo o processo e retorno à situação originária.

12

AS SANÇÕES

As sanções são a resposta dada pelo ordenamento (jurídico ou sagrado) ao comportamento contrário ao determinado (obrigatório ou proibido). Adão e Eva, na Bíblia, cometeram a primeira infração (Gênesis, 3:6). Em consequência, suportaram o primeiro julgamento e a primeira punição (Gênesis, 3:23).

No direito, as consequências são semelhantes. A ordem jurídica estabelece um rol de penas correspondentes à gravidade da lesão. A sanção é a repulsa à infração. Vem graduada de acordo com a agressão causada à ordem.

Quando alguém rompe o pacto social (que é estabelecido com a Constituição ou com o direito costumeiro), coloca-se fora da legalidade.

No direito judaico a sanção mais grave que se pode aplicar é o *herém*, ou seja, a expulsão da comunidade. Um dos exemplos é o caso de Baruch, de Spinoza, que recebeu o apótema do Conselho Judaico, que não concordou com as ideias por ele expostas sobre a religião.

Reafirma-se: a gradação legal decorre da gravidade da infração. Daí a existência de meras admoestações (repreensão ou advertência), o afastamento do convívio (suspensão ou expulsão), ou o afastamento da sociedade (pena de prisão). A prisão vai permitir o aparecimento do panoptismo, isto é, forma de vigilância contínua que busca a transformação do indivíduo. Imaginada por Bentham, foi analisada por diversos autores e desejada como forma de controle absoluto do detento.

A literatura sobre o assunto é vasta, despertando obras de Franz Kafka ("Colônia penal"), de Dostoievski ("Memória da casa dos mortos"), de Soljenitisin ("Arquipélago Gulag"), de Gramsci ("Cartas do cárcere"), e no Brasil o grande livro de Graciliano Ramos ("Memórias do cárcere").

A reclusão faz o indivíduo sofrer bastante. Ele fica alienado dos bens da vida e do convívio de todos. A religião tem o mesmo procedimento. Dependendo da gravidade da falta, o infrator sofre as consequências de seu procedimento, indo da mera expiação interna até o recolhimento isolado em cela.

As sanções têm um sentido de restauração do ordenamento agredido. A sociedade pactua, por meio de suas leis, e as Igrejas por meio de seus livros sagrados, um código de conduta que deve ser seguido. Ocorrida a infração, o ordenamento se volta contra o infrator e o pune com o caráter recuperatório. Existem as penas meramente aflitivas, a saber, punir por punir. Mas o normal é que se espere a não reincidência.

A Constituição garante um e outro, ou seja, tanto a defesa tem que ser exercida livremente como também a interposição de recursos. Ambos estão garantidos no ordenamento normativo jurídico e também nos livros sagrados.

13

A LINGUAGEM

Tanto o direito como as religiões têm um linguajar próprio. Como ambos são afastados do comum do povo, servem para despertar o respeito e manter o distanciamento entre as duas ordens e a sociedade.

Apenas têm acesso ao interior da comunidade (jurídica ou religiosa) os iniciados. Todos devem passar por uma série de provas seletivas e por etapas para ter acesso aos segredos da profissão. O sacerdote, originariamente, devia ser informado sobre a linguagem dos deuses; depois, passava pela iniciação dos ritos. Apenas a ascendência na hierarquia religiosa é que conseguia a comunicação com o divino, o que o tornava sagrado.

No âmbito do direito há uma faculdade. Posteriormente, o concurso. A partir daí, o conhecimento dos rituais. A cadeira do juiz, nas audiências, deve ficar em nível superior para que se saiba, no momento, quem é a autoridade. Nos Tribunais, a cancela e o distanciamento do juiz com advogados e interessados são completos.

O sacerdote também fica distante da população em seus altares. Dali vê seus comandados, sempre em nível superior.

A linguagem jurídica deve ser técnica para impedir o acesso dos leigos. E também a hermenêutica, ou seja, a interpretação dos textos. A exegese é a busca da interpretação adequada.

De idêntica maneira trabalha o sacerdote para a interpretação da vontade de Deus ou dos deuses.

Os arcanum imperii dão bem ideia de como são as relações jurídicas e religiosas. Os segredos do Estado existem no direito como na religião. Até há pouco tempo os tribunais resolviam seus problemas em sessão secreta. Isso acabou, mas, mesmo assim, combinam em sigilo os rumos da administração, tanto que não debatem seus orçamentos com a população.

As igrejas fazem a mesma coisa. Seus segredos são insondáveis e as decisões maiores são decididas de forma restrita a alguns.

Há conveniência em ambas as instâncias, religiosa e jurídica, de manter certos enigmas fora do conhecimento popular. Anteriormente, era a língua que distanciava (o latim). Agora, prossegue a prolixidade. O povo não entende nem a linguagem e o ritual jurídico nem o ritual religioso. No âmbito da Igreja evangélica, o pastor não tem vestes rituais, mas mantém-se à distância de todos desde o púlpito.

De outro lado, pode-se afirmar que o pastor, o padre e demais membros do catolicismo, bem como o rabino e o mulá, todos têm ou dizem ter o dom de compreender e interpretar os desígnios do divino. Como conhecem os livros sagrados, apenas eles podem se relacionar com o transcendente.

Fazem o mesmo papel da pitonisa grega que, procurada pelo interessado, refugia-se no interior do oráculo, masca ervas e revela a mensagem buscada. Normalmente, um enigma, frases ambíguas, de sentido dúbio. A interpretação cabia ao destinatário.

O oráculo de Delfos de Apolo foi o mais famoso. As pitonisas mascavam certas ervas e entravam em transe para que pudessem receber a mensagem divina. Os terreiros de umbanda fazem o mesmo. Incorporam entidades como pretos velhos, indígenas e figuras criadas de âmbito popular (Zé Pelintra), e transmitem as mensagens recebidas. Normalmente, ingerem bebida alcóolica para ajudar no transe.

Ademais, os cerimoniais católico e evangélico têm reminiscências pagãs, tais como a comunhão, que identifica a ingestão do sangue e do corpo do Cristo. Relembra cerimônias das tribos originárias que tomavam o sangue dos inimigos e, eventualmente, comiam seu corpo. O canibalismo significava a assunção do corpo do inimigo para engrandecimento de seu conhecimento, incorporando a força e o saber do outro. Podiam ocorrer a morte e alimentação do corpo de pessoas da própria tribo para seu engrandecimento. Linguagem simbólica, altamente significativa, o desejo de assumir outra identidade por meio da incorporação do outro.

A dificuldade na compreensão da lei é bem lembrada por Franz Kafka em seu texto "Diante da lei".[82] No texto extraído de "O processo", o homem do campo está diante da lei. O porteiro lhe diz que o acesso é possível, mas não naquele momento. "A lei deve se acessível a todos e a qualquer hora, pensa ele".[83] Mas não é assim. O acesso é vedado.

A lei parece convidar à transgressão. O texto é bastante enigmático. Quer significar que o processo é o castigo? A submissão aos ritos

---

82 KAFKA, Franz. *Diante da lei, Kakfa essencial*. São Paulo: Penguin, 2011, p. 105.
83 *Ibidem*, p. 105.

é problemática? O homem comum não compreende a linguagem da lei nem a dos juízes.

Giorgio Agamben propõe uma alternativa no sentido de que a leitura do texto poderia significar que o fechamento da porta da lei teria o significado de "interromper sua vigência".[84]

A norma sancionatória tem o efeito não apenas aflitivo, mas de recondução do infrator ao caminho reto. Nesse sentido, vem revestida de toda uma parafernália de recomendações e acompanhamento. Busca-se a adaptação do condenado à normalidade da vida em sociedade. É óbvio que pouco se consegue. A recuperação fica distante dos desejos sancionatórios. O que resta é, simplesmente, o afastamento da vida comunitária. Limita-se a pena ao afastamento do infrator. É a pena pela pena sem que exista qualquer finalidade.

---

84 AGAMBEN, 2010, p. 61.

14

A INQUISIÇÃO, SEU EXEMPLO E REPERCUSSÃO NO DIREITO

Tudo se inicia no Concílio de Latrão (1179). Foi instituída pela Igreja Católica com o objetivo de combater a *heresia*. Sua origem e duração alcançam os séculos de XII a XIV. Havia uma manifestação rotulada de *cátaros ou albigenses*. Ademais, diante da crueza da Igreja havia muitas revoltas. Em 1183, a Igreja começa a discutir o que fazer com os hereges. Em 1184, o Concílio de Verona cria o Tribunal de Inquisição. Surge o Tribunal do Santo Ofício.

O Papa Gregório IX, em 1233, editou duas *bulas*, que marcam o reinício da Inquisição. Implanta-se, em 1184, no Languedoc; em 1249, no reino de Aragão (posteriormente, Aragão e Castela) e, em seguida, na Espanha (1478/1834).

Como diz Alain Corbin:[85]

> A Inquisição é uma jurisdição de exceção, que derroga qualquer direito. Ela substitui o procedimento acusatório, oral e público, por um procedimento, a que deve seu nome, de investigação de ofício, totalmente secreta, sem que os acusados tenham direito a uma assistência.[86]

A tentativa é obter sempre a confissão, o reconhecimento da heresia com a abominação das ideias então divulgadas. Se admitida a infração, havia a penitência. "Os hereges impenitentes são entregues aos representantes dos poderes temporais, que os levam à fogueira".[87] Tratava-se de cerimônias penitenciais purificadoras.

Na época, sem embargo da abusividade e impiedade da ação da Igreja, o comportamento era visto como normal. A heresia é tida como violação da fé. O que dominava, então, era a prevalência dos ritos cristãos sobre a sociedade.

Não se pode negar que havia um ritual. Instaurava-se um procedimento acusatório, mas secreto. A ele apenas tinham acesso os integrantes do clero. Não havia advogado para fazer frente ao inquérito instaurado, não se abria o contraditório. A oportunidade que se abria ao herege era a confissão ou a morte.

Havia uma acusação: a heresia. O procedimento era de conhecimento apenas dos inquisidores. Sem acusação formal, sem defesa. A opção única era confessar ou recusar e submeter-se à tortura e, por fim, à condenação.

---

85 CORBIN, Alain. *História do cristianismo*: para compreender melhor nosso tempo. São Paulo: Martins Fontes, 2009, p. 193.
86 *Idem.*
87 CORBIN, *op. cit.*, p. 94.

Giordano Bruno foi acusado de blasfêmia e heresia. Não renunciou às suas convicções e, por isso, foi condenado e morto. Savonarola foi outro. Líder religioso de Florença, foi contestado pelo papa, que o denunciou, e foi queimado em praça pública. Na cidade há a marca de seu sacrifício no chão da praça pública. Jacques de Molay sofreu a Inquisição por ser líder dos cruzados e da maçonaria. Jan Hus, filósofo e reformador religioso, igualmente sofreu as consequências da Inquisição. Joana D'Arc foi presa e queimada.

A Inquisição legou-nos o procedimento inquisitorial. Ainda que a Inquisição tenha tomado forma por volta do século XII, foi reafirmada na Espanha (1239) sob o papa Sisto IV, que cedeu ao rogo de Fernando e Isabel, reis católicos em 1478. Surge, então, Torquemada, frade dominicano espanhol, implacável em seus julgamentos, tortura, condenações e execuções.

Tal vínculo Estado-Igreja legou-nos uma das mais violentas e tenebrosas realizações do gênio do mal em relação aos denunciados. A *notitia criminis* era feita de forma anônima aos padres da Igreja e os acusados eram aleatoriamente caçados. A investigação era secreta. A busca era da verdade "real" não para convencimento do julgador, mas para satisfação à comunidade.

Anota Anita Novinski que "a base sob que se apoiava a Inquisição moderna era a denúncia".[88] Eram aceitas denúncias anônimas. Se a pessoa fosse denunciada, "um funcionário da Inquisição ia a sua casa, acompanhado pelo juiz do fisco, que sequestrava tudo que o suspeito possuía, antes mesmo de ter provas de sua culpa".[89] "Depois de prendê-lo, passava ferros e trancas nas portas e ninguém mais podia entrar a não ser os funcionários da Inquisição".[90]

---

88 NOVINSKI, Anita. *A inquisição*. São Paulo: Brasiliense, 2012, p. 69.
89 *Idem*.
90 *Idem*.

A confusão em que o réu era colocado fazia com que ele denunciasse, para se ver livre, outras pessoas. Seguia-se a *tortura*, que "era aplicada sempre que se suspeitava de uma confissão incompleta ou quando a confissão era incongruente".[91]

A pena de "morte pela fogueira recebiam os réus que recusavam confessar-se culpados".[92]

Eram feitos "autos de fé",[93] enormes festas populares. Começavam com uma procissão seguida de missa. Depois, o sermão. "Os sermões foram agentes de propaganda eficientes, pois inculcavam na massa da população não apenas o ódio aos cristãos-novos hereges, mas o ódio aos judeus e à religião judaica".[94]

Em suma, era o império do arbítrio.

No Judiciário dos tempos coloniais e imperiais dominava, da mesma forma, o arbítrio. O cinema brasileiro bem retrata isso no caso dos "Irmãos Naves". Havia o caráter eletivo no ambiente colonial, o que facilitava a parcialidade e a corrupção dos juízes.[95] Acrescenta o autor que

> [...] não é difícil imaginar-se, dentro do quadro descrito, como as atribuições judiciárias e policiais das autoridades da Colônia completadas por um sistema processual iníquo, ajudaram a construir a prepotência do senhoriato rural e mais tarde, principalmente pela mão dos ouvidores e juízes de fora, favoreceram a submissão daqueles rebeldes colonos ao poder da coroa.[96]

---

91 NOVINSKI, 2012, p. 71.
92 *Ibidem*, p. 73.
93 *Ibidem*, p. 78.
94 *Ibidem*, p. 79.
95 LEAL, Victor Nunes. *Coronelismo, enxada e voto*. São Paulo: Alfa-Ômega, 1975, p. 187.
96 *Ibidem*, p. 188.

Percebe-se que, embora distantes no tempo, a Inquisição religiosa e o exercício do Judiciário tiveram problemas de violência, submissão às autoridades locais, corrupção e abusos de toda sorte.

Como conclusão, Victor Nunes Leal afirma que a organização Judiciária "conquanto assinalasse sensível progresso em relação à situação anterior, deixava muito a desejar: a corrupção da magistratura, por suas vinculações políticas, era fato notório, acremente condenado por muitos contemporâneos".[97]

O mesmo painel ruim da magistratura é traçado por Caio Prado Júnior.[98]

As críticas também procedem da pena de Raymundo Faoro.[99] Curiosa a observação de Teófilo Otoni:

> Vede um homem desses que andam perseguidos de pleitos ou acusados de crimes, e olhai quantos o estão comendo. Come-o o meirinho, come-o o carcereiro, come-o o escrivão, come-o o solicitador, come-o o advogado, come-o o inquiridor, come-o a testemunha, come-o o julgador, e ainda não está sentenciado, já está comido. São piores os homens que os corvos. O triste que foi à forca, não o comem os corvos senão depois de executado e morto: e o que anda em juízo, ainda não está executado nem sentenciado, e já está comido.[100]

Vê-se que a equiparação é perfeita. Uns procediam arbitrariamente certos de convencimento religioso pela Igreja; outros, para

---

97 LEAL, 1975, p. 197.
98 PRADO JÚNIOR, Caio. *Formação do Brasil contemporâneo*. São Paulo: Brasiliense, 2000.
99 FAORO, Raimundo. *Os donos do poder*. v. 1. 8. ed. Rio de Janeiro: Globo, 1989, p. 187.
100 *Ibidem*, p. 187/188 (nota 29, que remete à Circular de Teófilo Otoni na Revista do Instituto Histórico e Geográfico, p. 298).

executar funções burocráticas. No fundo, o resultado é o mesmo – arbítrio, corrupção, desmandos, descumprimentos das normas jurídicas e sagradas.

A universidade auxiliou tais perseguições e os professores passaram a ser acionados para atuarem nos processos. Por vezes eram ouvidas testemunhas, mas "preparadas" para dizer o que o Inquisidor queria. No mais das vezes, as provas eram colhidas mediante *tortura*, método habitual do procedimento inquisitorial. Pela tortura, a confissão era obtida. Essa era a rainha das provas.

Carlo Ginzburg, em *Os queijos e os vermes*,[101] dá bem ideia de como se passavam as coisas sob a Inquisição. A história é do moleiro friulano Domenico Scandella, conhecido por Menocchio, "queimado por ordem do Santo Ofício, depois de uma vida transcorrida em total anonimato".[102] Menocchio foi culpado de nada. Outro interessante texto do autor é *Os andarilhos do bem*.[103] no qual cuida dos *benandanti*, que "impedem o mal",[104] e do *sabá*, em que se reuniam bruxas e feiticeiros para dançar e se divertir.

Houve uma primeira acusação do interrogatório de um lobisomem.[105] Nesse texto, esclarece como se obtém uma confissão.[106]

Analisando sob outra óptica, Silvia Federici (pesquisa feita sob a perspectiva marxista e sobre a inserção da mulher no mundo do trabalho) dá bem a ideia da perseguição às bruxas, o que aprofunda a diferença entre mulheres e homens.[107]

---

101 GUINZBURG, Carlo. *Os queijos e os vermes*. São Paulo: Cia. de Bolso, 2014.
102 *Ibidem*, p. 11.
103 GINZBURG, Carlo. *Os andarilhos do bem*. São Paulo: Cia. de Bolso, 2010.
104 *Ibidem*, p. 19.
105 *Ibidem*, p. 52.
106 *Ibidem*, p. 227.
107 FEDERICI, Silvia. *Calibã e a bruxa*. São Paulo: Elefante, São Paulo, 2018, p. 294.

Somente o advento das modernas civilizações logrou extinguir tais procedimentos que, para a Igreja Católica, constitui motivo de constrangimento e verdadeira mácula em sua história.

A influência da Inquisição foi de tal ordem que nos lega uma série de conceitos procedimentais que passam da Igreja para o Estado.

15

OS CONCEITOS JURÍDICOS E TEOLÓGICOS

A frase de Carl Schmitt é lapidar: "Todos os conceitos concisos da teoria do Estado moderna são conceitos teológicos secularizados".[108]

O Deus onipotente se reflete no legislador.

> A "onipotência" do legislador moderno, sobre a qual se ouve em todo manual de Direito Público, não provém da teologia somente de forma linguística. Mas, também, nos detalhes da argumentação surgem reminiscências teológicas. Em geral, obviamente, em intenção polêmica.[109]

---

108 SCHMITT, Carl. *Teologia política*. Belo Horizonte: Del Rey, 2006, p. 35.
109 *Ibidem*, p. 37.

A acusação é um conceito comum. O inquérito que outorga poderes inquisitoriais à política, como o fazia ao clero, é também obra de equiparação. Defesa de igual forma. Produção de prova. Embora a Inquisição limitasse a dilação probatória, dando excepcional valor à confissão, o direito adaptou isso, dando realce às testemunhas e perícias.

A decisão é conceito comum. No âmbito da Igreja vem da absolvição dos pecados ou da condenação pela infração. A *confissão* retrata o interrogatório do réu. No primeiro caso é feito em segredo; no segundo, em público.

No início, a Igreja dispensava a fundamentação, tanto nas confissões recebidas como nos julgamentos que efetuava. Era mais uma inspiração divina que raciocínio formalizado. A razão não tinha importância. Era o rompimento da fé, que envolvia a repulsa religiosa. Os ordálios ou juízos de Deus são significativos. Era a prevalência da álea. No direito, prevalece o raciocínio lógico-dedutivo da análise das provas colhidas.

16

IMUNIDADE TRIBUTÁRIA. QUESTÕES RELIGIOSAS OU PROFANAS?

Religião e Estado (produtor das normas jurídicas) estão tão ligados que quando da elaboração da Constituição, o fator religioso exerceu forte influência, a contar da *imunidade tributária*. Assim, os templos não estão sujeitos à tributação por parte do Estado (letra *a* do inciso VI do art. 150 da Constituição federal).

Imunidade é a inadmissibilidade de o Estado instituir tributo sobre determinado fato ou pessoa. Impede que o Legislativo possa criar tributo sobre atividade religiosa. Vejam a importância de tal restrição. Tanto quanto o pensamento, a liberdade religiosa é garantida pela Constituição.

A religião não é somente reflexiva. Não é o diálogo consigo próprio ou com a divindade que a caracteriza. Há um lugar em que a pessoa pode se encontrar com o divino, uma igreja, lugar de reunião dos fiéis. Ora, como admitir a tributação que pode estrangular a livre manifestação da fé se o poder público exigisse impostos? Poderia sufocar a igreja de qualquer culto a ponto de impedir seu funcionamento. Por isso as Constituições imunizam as Igrejas contra todo e qualquer governante.

Modernamente, tal argumento tem sido questionado. É que os religiosos tentaram expandir a imunidade para a casa pastoral e a residência do sacerdote. Sustentam que a imunidade da Igreja alcança também atividades conexas. Parece que, diante da laicidade do Estado, não pode ele, mesmo por meio do poder constituinte (menos ainda o derivado), instituir imunidade sobre templos.

Todo aquele que quiser ingressar num templo de qualquer culto deve estar obrigado a contribuir com seu sustento e, pois, deve suportar o ônus tributário.

Sabidamente, a ligação entre Igreja e Estado sempre foi muito forte. Na Igreja católica, o vínculo firmou-se com Constantino, que reconheceu a igreja como culto oficial do Estado. Antes dele, os cristãos foram duramente reprimidos. O Estado judaico é praticamente teológico e benesses aos cultos integram a própria existência do Estado. Diga-se o mesmo do Estado Islâmico, com a proteção estatal para os cultos.

Forte influência a igreja exerce sobre os governantes. Cada qual tende a um culto e tende a beneficiar sua igreja. Surge, então, promíscuo relacionamento entre Estado, governo e religiosos, a ponto de estes se imiscuírem em assuntos típicos de Estado e procurarem direcionar as decisões deste para seus interesses. As coisas estão imbricadas. Os prédios estatais contêm a cruz do cristianismo em inúmeras repartições. Já houve movimentos para que fossem retiradas.

Assuntos de maior relevância para o Estado sofrem indevida interferência de políticos com estreito relacionamento com os cultos. Assuntos que são terrenos, como o aborto, por exemplo, sofrem combate insano dos religiosos. Os espíritas são radicais em não o admitir. Os cristãos de todas as confissões – católicos, luteranos, evangélicos, mórmons, batistas, enfim, todas as manifestações religiosas – são contra o aborto, com argumentos exclusivamente religiosos, mas a matéria é de saúde pública e diz respeito à independência da mulher. Matéria que cabe ao Estado cuidar. Logo, indevassável por crenças estribadas na fé.

Questões relativas à sexualidade da pessoa igualmente são assunto que descabe à Igreja. Se entendem que questão de gênero deva ser religiosa, devem tratá-la nos limites dos cultos. Ali, o sacerdote pode "atirar a primeira pedra" em quem quiser. Pode apontar o homossexual, o transexual, o *queer*, a lésbica. O que não tem sentido é levar tais convicções para o interior do Estado. Este tem que tratar o problema como assunto seu e ditar suas regras para proteção de todos os indivíduos, sem qualquer discriminação.

A liberdade alcança toda e qualquer manifestação legítima da pessoa humana. Um dos apanágios do indivíduo e a exteriorização de seu gênero, sem ligação com o mesmo sexo, trata-se de problema exclusivamente seu, sem qualquer vínculo religioso.

O que pode ocorrer é que a má leitura do texto sagrado leve à irracionalidade do comportamento. O Estado não pode aceitar que, a pretexto de leitura equivocada ou transversa de um texto qualquer, o indivíduo traga convicções religiosas para a esfera do profano. Os campos de análise não se misturam, não se interpenetram. São águas de rios diferentes.

Não se pode deixar de reconhecer que o religioso forma suas convicções a partir da leitura de textos tidos por sagrados. Por eles, se convence de seu comportamento. Mas isso fica restrito ao âmbito do divino, do sagrado, e não ser levado a influenciar o Estado laico.

A laicidade do Estado não é apenas a distância que deve ter de qualquer culto religioso; significa que não pode trazer para dentro do Estado significações estritamente religiosas. O divino não se confunde com o terreno.

Todos os indivíduos submetidos a um mesmo ordenamento jurídico têm o direito de viver de acordo com o que nele está assegurado. As garantias e os direitos constitucionais consubstanciam o pacto que há em relação ao Estado. A crer na teoria do pacto jurídico na criação do Estado, reservar-se-á cada um dos pactuantes o direito de viver livre de pressão de qualquer tipo, salvo se abrirem mão do direito a não terem morte violenta. O pacto originário garantiu isso: fim das mortes de tribos contra tribos e fim das vinganças.

Fora de tal limite há a liberdade de fazer ou não fazer senão em virtude de lei. Isso representa e identifica o princípio da legalidade. Somente a lei ditada pelo órgão legislativo pode invadir a esfera jurídica do indivíduo. É o que consigna a Constituição, fruto da decisão política que permite a convivência.

Logo, não há como admitir interferências estranhas, como a mistura do mundo imanente e transcendente. A César o que é de César e a Deus o que é de Deus, foi o comando que veio por parte (para os que acreditam) do Deus encarnado. A saber, não podemos misturar os mundos.

Assim, assuntos que dizem respeito exclusivamente à individualidade de cada qual, como é o gênero, não deve ser objeto de discussão nem de disciplina por parte do Estado. Mesmo normas garantidoras deveriam ser banidas da disciplina legal. Mas, como há manifestações homofóbicas, convém que se façam normas garantidoras da livre expansão sexual. Cada qual é dono de seu nariz.

Nesse passo, impõe-se rigorosa separação dos dois mundos. Não se confundem na realidade. Só existem na mente e no coração das pessoas. Garantir a liberdade é subscrever a garantia da individualidade. De igual maneira, é descabido que o jurídico entre nos templos, impondo determinadas normas. O sacerdote, nesse sentido, é soberano para agir. O pai de santo admite a frequência de todos os gêneros. Os evangélicos são avessos à homossexualidade. Alguns pastores prometem até cura (demonstrando absoluta ignorância sobre a situação). Os católicos são reticentes, inclusive depois que espocaram escândalos relativos a pedofilia, ocorridos no interior de conventos, seminários e dioceses, comprometendo o caráter criminoso de alguns padres e bispos.

A atuação do Estado, em tais hipóteses, fica autorizada no âmbito criminal. Quantos crimes não foram praticados em nome de Deus e dentro dos edifícios destinados à educação e prática da religiosidade? Nesses casos, ingressa o Estado no interior dos prédios para apurar a ocorrência de crimes de violência sexual. Quantas crianças foram ali violentadas? Quantos estupros não ocorreram?

Diderot bem descreveu os abusos sexuais vividos pelas noviças (*A religiosa*) no interior de convento. *O Crime do Padre Amaro*, romance de Eça de Queiroz, bem retratou a atração sexual do padre por uma mulher. O gênio, de Sade, demonstrou a inequívoca violência sexual e sua atração por todos os humanos. Não é problema de religiosidade, mas, simplesmente, do lado animal da condição humana.

17

JUSTIÇA E ÉTICA NAS DIVERSAS RELIGIÕES. OBSERVAÇÕES SINTÉTICAS. A COMPOSIÇÃO DAS NORMAS

Tanto a religião como o direito objetivam a *justiça*. O que significa isso? No mundo religioso, o que se pode verificar pelo estudo sistemático das religiões é que sempre há um confronto entre o bem e o mal. O bem sempre vence, por questões éticas. O mal é desprezado, repudiado.

Nesse passo se sobrepõe a indagação sobre o comportamento ético-religioso. O que ensina a Igreja a esse respeito? Quais suas diretrizes fundamentais para disciplinar o relacionamento entre os fiéis? Como são as regras de conduta de cada um para alcançar o bem supremo e saber atuar de acordo com o previsto nas boas práticas religiosas?

Sepulturas. Vejamos como cada Igreja, ao longo da história, determinou o comportamento dos fiéis. A crença na imortalidade da alma é confirmada pelas sepulturas, é seu significado simbólico. O outro mundo deve existir para que as pessoas se conduzam de forma a receber um prêmio por seus atos aqui praticados. Assim, os mortos devem receber preparo adequado para ingressar no outro mundo de forma adequada. A sepultura, então, adquire significado mágico-religioso. É a referência para o ingresso no além.

O primeiro relato. Gilgamesh. Consta que um dos mais antigos episódios religiosos ocorreu na Mesopotâmia. A epopeia de Gilgamesh. A mais fabulosa criação babilônica. Gilgamesh residia em Uruk. Misto de herói e tirano. Nada resistia a sua força. Daí o surgimento de Enkidu, com quem trava luta terrível. Gilgamesh vence, mas torna-se inseparável amigo de Enkidu, com quem passeia pela região. Enfrentam, na tabuinha 2, verso 215, um touro mandado pelo deus Ishtar. A filha do deus havia proposto casamento e Gilgamesh recusara.

Na sequência, morre Enkidu. O herói lamenta profundamente. Gilgamesh busca a eternidade, busca a planta no fundo do rio, mas uma serpente rouba a erva que daria a eternidade. Como humano, morre Gilgamesh. A obra recebeu primorosa tradução de Jacyntho Lins Brandão.[110]

A luta pode ser equiparada ao direito que, ao longo dos séculos, teimou em firmar-se no meio dos humanos, instituindo *poderes* e direitos e, de outro lado, *direitos e obrigações.* Poderes e deveres existem em *situações jurídicas* que não se extinguem. O poder do Estado, por exemplo, distribuído em diversos órgãos e pessoas, não se extingue pelo uso. Ao contrário, firma-se pelo desempenho. Já direitos e obrigações constituem-se em *relações jurídicas*, como é o caso de pagamento de dívidas.

---

110 GILGAMESH. *Epopeia.* Belo Horizonte: Autêntica, 2018.

Há, no direito, um constante embate entre pessoas (físicas e jurídicas), tal como ocorre nas religiões, como veremos.

Teogonias e cosmogonias. Tanto a teogonia como a cosmogonia buscam explicar o nascimento das religiões, os conflitos para seu aparecimento, o surgimento dos deuses, suas terríveis guerras e, por fim, o saneamento. A *teogonia,* no politeísmo, significa a narração do nascimento dos deuses e todo o conjunto das divindades. A *cosmogonia* tenta explicar a origem do universo, a cosmogênese.

Faremos uma brevíssima incursão sobre as diversas religiões (as mais conhecidas) para tirarmos algumas conclusões.

O Egito. Outro lugar da Antiguidade foi o Egito, onde se desenvolveu uma das mais notáveis civilizações. Em suma, Osíris foi assassinado por Seth. Isis, esposa de Osíris, conseguiu ser inseminada por Osíris mesmo morto. Deu à luz Hórus. Adulto, Hórus atacou Seth, que lhe arrancou um olho. Hórus derrota Seth, recupera o olho e o entrega a Osíris, que readquire vida. "Osíris tomou de Ré a função de juiz dos mortos; tornou-se o senhor da justiça, instalado em um palácio ou no outeiro primordial, isto é, no centro do mundo".[111]

Hititas e cananeus. Na teologia, os faraós que se sucederam adotaram religiões politeístas. Akhenaton buscou introduzir o monoteísmo, afastando-se de Amon e adotando Aton como deus único. Tut-Ankh-Amon (Tutankamon) restabeleceu o politeísmo.

A religião dos hititas e dos cananeus relata fatos aproximados dos conflitos existentes entre os deuses. Na primeira, Marduk vence Tiamat e dá estabilidade ao país. No panteão cananeu há a luta constante de Baal com Yam e Mot. O primeiro torna-se o deus do mar; o

---

[111] ELIADE, Mircea. *História das crenças e das ideias religiosas.* v. I. São Paulo: Zahar, 2010, p. 104.

segundo, dos mortos, enquanto Baal reina sobre céu e terra. Isso só se estabiliza depois de grandes confrontos com as forças do mal.

O confucionismo. Na orientação de Confúcio (551/479 a.C.), a origem do mal está no ambiente, na educação e apreciação errônea dos valores da vida. "O mal não existe no estado original do universo.[112] O bem encontra-se na benevolência, justiça, obediência, respeito e fidelidade. Eticamente, pois, o bem deve prevalecer".

O taoísmo. No taoísmo, a busca é por "atividades que produzem o bem-estar geral e a salvação".[113]

O hinduísmo. O hinduísmo é repleto de orientações espirituais e seus livros sagrados ("Ramayana", "Mahabharata" e "Bhagavad Gita), que são épicos, ao lado dos "Veda", contêm (especialmente o "Rig Veda") orientações para a sabedoria ("dharma"). É a busca da vida harmoniosa. Paralelamente, a vida política viu-se enriquecida pelo "Arthashastra", livro escrito por Kautylia (300 a.C.), conselheiro do imperador Chandragupta. Por meio do livro vê-se quantas informações eram passadas para que o país fosse administrado. A busca era pela prática do bem, evitando o mal.

O Shankara produziu e analisou o Vedanta e concluiu que a busca é do todo. Brama, Shiva e Vishnu são os grandes deuses e integram uma lógica de vida. Brama é o criador; Shiva (Mahadeva) é o da destruição e, Vishnu, da reconstrução. Todos eles são reencarnações. É uma religião cheia de deuses (dizem que são mais de três milhões). Prega o bem.

O budismo. No budismo prevalece a busca do controle dos instintos. É o sabor da emancipação. Há quatro verdades: a primeira é que a vida é sofrimento. A segunda esclarece a causa do sofrimento

---

112 HOUDOUS, Lewis. *História das grandes religiões*. Rio de Janeiro: Cruzeiro, 1956, p. 16.
113 *Ibidem*, p. 44.

humano. É a cobiça dos prazeres sensuais e no desejo apaixonado dos homens. A terceira é tentativa de superação de tais desejos. A quarta é o domínio deles. Observe-se que há conteúdo eminentemente social. O homem, ao atingir o domínio, consegue a iluminação e alcança o Nirvana.

O budismo é inteiramente ético.

Na religião iraniana prevalece *Zaratustra*. Inicia o *masdeísmo*, que tem como centro de adoração Aúra-Masda. Tem bastante importância o *haoma*, bebida estimulante. Sob o *fogo* atinge-se o êxtase.

Não há mal como criação, mas o homem é livre para escolher seu caminho. "O homem é intimado a seguir o exemplo de Aúra-Masda, mas goza de liberdade em sua escolha".[114]

Vê-se, pois, que o mal existe, mas não foi criado pela divindade. Esta indica o caminho, mas o homem pode se desviar dele. Os *daevas* foram demonizados. O corpo morre e a alma viaja após a morte. Havia, pelos *persis,* a entrega do corpo nos morros de lamentações, ainda hoje existentes na Índia. Há sempre o confronto do bem com o mal. No direito, há o comportamento bom, que não é perseguido, e o mau, que é punido.

A religião (mitologia) grega. O texto base para compreensão da religião grega é a *Teogonia*, de Hesíodo.[115] É um poema maravilhoso que, após invocar as Musas, cuida do Caos (verso 116) e, posteriormente, desenvolve a sucessão dos deuses (Urano, primeira geração; Cronos, segunda geração; e Zeus, terceira geração).

Sucederam-se conflitos terríveis até que Zeus assume o reino olímpico e divide o governo do cosmo com seus irmãos Hera (mulher),

---

114 ELIADE, 2011, p. 295.
115 HESÍODO. *Teogonia*: a origem dos deuses. Tradução de Jaa Torrano. São Paulo: Iluminuras, 2007.

que reina ao seu lado; Hades, o deus dos mortos; e Poseidon, deus dos mares. A partir daí começa um período de paz; depois, Epimeteu e Prometeu distribuem entre os homens seus aspectos e a sabedoria (o fogo furtado aos deuses).

O islamismo. No islamismo prevalece o que consta do *Alcorão*. Há o *idealismo*, o respeito à fé e as *obras,* "isto é, ações corretas (ihsan), servir a Deus como se Ele estivesse diante de nossos olhos. Obediência aos cinco Pilares: profissão de fé, doação de esmolas, jejum, peregrinação e adoração".[116]

O islã impõe obediência, leitura do Alcorão (a própria palavra *islã* significa submissão). As suras que compõem o texto contêm toda a doutrina religiosa. Os elementos que refletem a vida árabe dizem respeito às virtudes: "liberalidade, cavalheirismo, tolerância, hospitalidade, magnanimidade e paciência".[117]

O judaísmo. O judaísmo contém forte relação do povo com a religião, pois "a religião é inconcebível sem o povo judeu".[118] A religião é arraigada nos costumes do povo judaico, com forte conteúdo ético. Houve rejeição à atitude de renúncia à sociedade e ao mundo, pois compreendiam este mundo e o próximo. As leis atendem ao culto e ao ritual, e toda lei é sagrada. A Torá (os cinco primeiros livros da Bíblia que constituem o Pentateuco) forma toda a religiosidade judaica. Isso obriga, claro, a uma retidão de caráter na vida comum. Não só na vida dedicada ao sagrado, mas modernamente (judaísmo reformado), há o congraçamento com a sociedade.

O cristianismo que envolve todas as confissões que daí nasceram, tais como o catolicismo, o evangélico, o mórmon, o luterano,

---

116 JURJI, Edward J. *História das grandes religiões*. Rio de Janeiro: Cruzeiro, 1956, p. 211.
117 *Ibidem*, p. 216.
118 NEUMAN, Abraham A. *História das grandes religiões*. Rio de Janeiro: Cruzeiro, 1956, p. 251.

o protestantismo (bem como a ortodoxia oriental) e todas as demais derivações têm como texto básico a Bíblia. O Velho e o Novo Testamentos que compõem os livros da Bíblia contêm não apenas regras religiosas que subordinam a crença e os ritos de adoração, mas a história, a geografia do aparecimento da religião e os deveres a que se subordinam os fiéis.

Na teologia cristã igualmente houve luta já na origem entre o bem e o mal. Na rebelião dos anjos (mitologia anterior) liderada por Lúcifer, que cria o reino dos infernos contra Deus, o essencial aí é a realização do bem que é transmitido ao deus encarnado, Jesus, para prosseguir a distinção entre o bem e o mal.

Observações sintéticas. A composição das normas. Impôs-se realizar essa menção, ainda que absolutamente telegráfica, às diversas religiões, para apurar que, em todas, há o conflito do bem e do mal, seja em decorrência dos preceitos religiosos ou em face dos éticos que devem imperar na sociedade.

É sumamente importante para o direito que as religiões contenham essa parte ética, porque vai auxiliar, e muito, no controle da sociedade. Comportamentos desviantes são reprovados em todas as religiões. Como há um reino de outro mundo, impõe-se o reto comportamento para que se tenha acesso ao mundo dos prazeres (tenha o nome de céu, de campos elísios, de nirvana). Caso contrário, a alma ficará purgando no purgatório (instituição dos concílios de Lyon e de Trento).

Em verdade, todas as religiões instituem um código de obediência a ser observado. O descumprimento dos deveres instituídos enseja a aplicação de sanções que vão desde uma penitência (doação de haveres, rezas, humilhação, suplícios físicos) até a objurgação, chegando à expulsão (excomunhão para o católico).

Há, pois, estreita sintonia entre religião e direito no âmbito ético. Ambos constituem regras de comportamento adequado e de acordo com as regras instituídas. Seu descumprimento envolve a aplicação de sanções. Tanto os deveres como as penas estão previstas em codificação sagrada (ou instituídos pelos homens). Nesse passo, a religião é forte auxiliar do cumprimento das regras em sociedade. Ela conquista pela fé o que o Estado não logra fazer pelo direito.

É bastante conhecido o trabalho episcopal realizado no desestímulo ao consumo de drogas e de álcool operado pelas Igrejas de culto cristão. O islã proíbe a ingestão de bebida alcoólica, efetuando forte controle social. O descumprimento das normas expedidas envolve todo tipo de sanções.

Vê-se que as regras descritivas de comportamento e prescritivas de sanções se equiparam às do direito. Pela descrição feita observa-se também que há ínsita na cultura religiosa a busca do *justo*. A perquirição de tal conceito é permeável em todas as religiões. A apuração do comportamento decorre das confissões feitas pelos próprios crentes, ou da imputação de pessoas ligadas ao culto, o que envolve apuração das falhas (inquisitorialmente) e a aplicação de sanções. Um dos grandes exemplos de punição aplicada pela Igreja foi o caso de Baruch de Spinoza que, pela descrença na criação, sofreu o anátema do Conselho de Rabinos.

Ocorre que a estrutura lógica das normas é a mesma: a descrição de um fato e a consequência do descumprimento da norma.

18

A RELIGIÃO GARANTIDA NA CONSTITUIÇÃO E SUA INCIDÊNCIA PRÁTICA. RELIGIÃO E POLÍTICA. VÍNCULO EMPREGATÍCIO ENTRE SACERDOTES E SERVENTES. RECUSA DE FÉ

Nosso Estado é laico, mas alberga qualquer tipo de religião. Diz o inciso VI do art. 5º da Constituição da República: "É inviolável a liberdade de consciência e de crença, sendo assegurado o livre exercício dos cultos religiosos e garantida, na forma da lei, a proteção aos locais de culto e a suas liturgias". Reconhecendo a importância da religião na cultura de nosso povo, o constituinte foi além e assegurou "a prestação de assistência religiosa nas entidades civis e militares de internação coletiva" (inciso VII do art. 5º da Constituição federal).

O Estado reconhece a relevância da religião na crença popular e dá-lhe guarida no texto da Lei Maior. O ensino religioso é facultativo (parágrafo 2º do art. 210 da Constituição).

A escolha da religião é garantia a todos. Nenhuma crença pode ser imposta ao brasileiro. Ele é livre para eleger seu credo. A amplitude da escolha é bastante grande. De nenhuma forma o Estado pode impedir o culto, nem a frequência a ele. O indivíduo é inviolável em sua liberdade de crença. Do outro lado há o direito público subjetivo ao ensino religioso que eleger (Adin 4439/DF, rel. min. Alexandre de Moraes, 27/09/2017).

Há todo um plexo de processos à disposição de qualquer brasileiro que se veja embaraçado por ação do Estado ou particular para praticar sua religião. Se houver qualquer empeço criado por alguém para o pleno exercício de religiosidade, o indivíduo tem à sua disposição não só os instrumentos processuais civis, mas também o aparato policial para garantir o direito constitucional de crença, inclusive o direito de manter locais para o desempenho de sua religião. Os templos são garantidos e imunes a pagamento de qualquer tributo, como já se viu.

A qual religião se dá guarida? A todas que tenham por objetivo o contato com o transcendente. Ela envolve a crença em algo de outro mundo. Todas, em tal sentido, são espirituais. O espiritismo fundamenta-se não só na crença do mundo do além como a possibilidade de contato com ele. Todas as demais aceitam um espaço imaterial para onde vão as almas dos mortos. Crê-se em Deus ou deuses que ali vivem e dirigem nossa vida. Mantemos contato por meio de preces e orações pelas quais invocamos a interferência benéfica em nossas vidas e, eventualmente, dependendo do culto, a investida maléfica sobre a vida de terceiros. Assim, o Estado garante não só a liberdade do culto, mas dos lugares em que é exercida.

Questão que se apresenta bastante séria é a interferência da religião (qualquer uma) na vida política do país. Ora, tendo o Brasil uma sociedade plural, é bastante comum e frequente que o aspecto religioso interfira no político. É inarredável que um portador de convicções religiosas tente levá-las para a vida pública e buscar orientar os governantes a seguirem o mesmo caminho. Não há como separar o subjetivo do objetivo em tal hipótese. O portador de forte religiosidade não se contenta em retê-la em seu subjetivismo. Busca, de alguma maneira, influenciar o Estado. Não deveria ser permitido por constituir o país um Estado laico, mas a laicidade não consegue impedir a influência de doutrinas religiosas.

Como é

> [...] insofismável o poder de influência e persuasão dos membros de comunidades religiosas – sejam eles sacerdotes, diáconos, pastores, padres etc. – a extrapolação sobre os fiéis deve ser enquadrada como abuso de autoridade – tipificado nos termos do art. 22, XII, da LC n. 64/1990, que veio a regulamentar o art. 15, parágrafo 9º da CF – e ser sancionada como tal. (Rec. Ordinário 537003, BH/MG, acórdão de 21/08/2018, do TSE, rel. min. Rosa Weber).

A matéria não é pacífica e, ainda, vai demandar muita discussão para assentar as premissas de orientação segura.

Outro assunto que tem criado polêmica diz respeito ao vínculo empregatício dos pastores, diáconos, sacerdotes de todos os cultos em relação à Igreja. Haveria relação de emprego a obrigar as Igrejas ao pagamento de salário, de registro dos empregados e do recolhimento dos respectivos tributos?

Entendo que há vínculo empregatício. É verdade que o empregado pode não ficar o tempo necessário para sua caracterização, mas é inequívoco que comparece no horário dos cultos, fica à disposição do empregador durante boa parte do tempo, seja para efetuar a limpeza dos locais, seja para cuidar da segurança, para orientação dos fiéis, para o recolhimento do dízimo e para auxiliar durante a realização dos ritos.

Há hipóteses em que o trabalho será voluntário ou benemerente, mas é importante uma legislação que assim disponha.

Questão que tem estimulado a curiosidade e criado confronto entre a responsabilidade civil e a crença religiosa diz respeito a transplante de sangue, vacinas, tratamentos médicos em que há a escusa da fé. A profunda convicção religiosa de que não pode qualquer pessoa da família se submeter a um tratamento médico em que haja invasão da intimidade física leva à discussão sobre se o Estado pode determinar que o tratamento se faça.

Nesse passo não há a menor possibilidade de a fé se contrapor à interferência do Estado para determinar o tratamento científico adequado. Uma coisa é a crença religiosa, outra é a sujeição às leis do Estado, que pode invadir a intimidade religiosa de alguém para impor determinado tratamento amparado em convicção científica.

Podemos supor uma vacina para eliminação de uma pandemia. É essencial para o Estado que todos se imunizem contra determinada moléstia contagiosa. Não pode o religioso se opor à ação do Estado. Este tem por dever, em prol de toda comunidade, intervir e obrigar a aplicação da vacina.

De outro lado, imaginemos que deva haver a aplicação de soro ou sangue para salvar a vida de alguém. À providência opõe-se alguém de convicção religiosa arraigada que não permite tal interferência.

Quando a vida é colocada em risco, prevalece a ação do Estado. As coisas religiosas têm que ser tratadas à luz da religião, mas quando se confronta com a obrigatoriedade e necessidade da atuação do poder público, aquela cede a este.

Da mesma forma podem existir advogados que não possam trabalhar em determinados dias também por força de religiosidade. Esse problema é estrito ao advogado. Ao Estado descabe alterar regras aplicáveis a todos para atender a situações religiosas específicas. É incompatível que o Estado, a todo instante, tenha que alterar regras genéricas e abstratas para atender a situações específicas fundadas na religiosidade de alguém. O individual cede ante o coletivo.

Pode-se dizer o mesmo em relação a feriados religiosos. Não os deveria ter o Estado, sob pena de ter que se curvar a toda e qualquer data significativa de cada religião. A laicidade não significa que o Estado deva ser contrário ou avesso a qualquer pretensão religiosa, mas não pode atender a interesses de cada culto. Podem ser prestadas homenagens, como reconhecer a data como importante a determinada confissão, ou um dia de nascimento de um grande homem que se transformou em santo ou data natal de alguém. Pode ser prestado o reconhecimento público a uma grande personalidade, mas isso não significa em transformar a data em feriado. Reconhecem-se grandes valores, heróis, homens santificados, expoentes intelectuais. Todas as homenagens devem ser prestadas, mas não transformar isso em obrigação para todos.

19

IMUNIDADE. SUBVENÇÃO

Dispõe a letra *b* do inciso VI do art. 150 da Constituição federal que é vedado aos entes federativos instituir impostos sobre "templos de qualquer culto". No local onde os cultos são praticados, igrejas, terreiros, mesquitas, sinagogas, enfim, no espaço reservado a que a coletividade tenha acesso e ali realize seus atos de devoção aos deuses ou a Deus, o Estado não pode tributar.

O tributo pode ser instrumento de perseguição, propiciando ao governante o poder de imiscuir-se na religião, podendo criar obstáculo à livre manifestação da fé.

Imunidade significa a impossibilidade de qualquer tributo incidir sobre o fato. É ele retirado da competência do legislador. Quando a Constituição diz que é vedada a tributação, proíbe ao Parlamento a instituição de qualquer exigência. Ele não pode criar o denominado fato gerador. A hipótese de incidência tributária é subtraída da esfera de disponibilidade do Congresso.

Logo, ao mesmo tempo em que o Estado é laico, ele garante a liberdade religiosa e impede qualquer constrição sobre os locais de culto, como instrumento de respeito a tal aspecto da personalidade humana. A religião é coeva da civilização.

Isso não impede que ele possa estimular determinados desempenhos e garantir o funcionamento dos lugares de culto, propiciando reformas e protegendo os templos contra a deterioração pelo tempo e pela ação humana.

Se o Estado pode, por meio de seus órgãos de cultura, propiciar a arte em suas diversas vertentes – música, pintura, escultura, literatura, por exemplo –, ele pode amparar a música gospel, os cantochões, o canto gregoriano, as músicas tiradas dos atabaques umbandistas e do candomblé, os hinos evangélicos, a pintura profana ou sacra. Enfim, todas as manifestações culturais que decorrem da religião podem e devem ser amparadas pelo poder público.

Subvenção. Subvenção a entidades religiosas. Pode, pois, o Estado, *subvencionar* tais atividades. *Subvenção* é "o auxílio financeiro previsto no orçamento público, para ajudar entidades públicas ou particulares a desenvolver atividades assistenciais, culturais ou empresariais".[119]

A subvenção tem sua vertente ética. Não pode servir a qualquer propósito e sofrer desvios, como ocorreu em passado recente, em que verbas eram direcionadas a cabarés de casas de prostituição. No âmbito religioso, evidente está que, se houver tal destinação, estará enquadrada nas finalidades albergadas pelo ordenamento jurídico. No entanto, pode ocorrer o desvio de recursos e, sendo exclusivo de atividades nobres, vir a parar em mãos indevidas ou ser destinado a pessoas de nenhuma expressão cultural. Aí entra em campo a fiscali-

---

119 OLIVEIRA, Régis Fernandes de. *Curso de direito financeiro.* 8. ed. São Paulo: Malheiros, 2019, p. 632.

zação dos recursos orçamentários para dar à subvenção sua finalidade constitucional e legal.

Está ela, uma vez concedida, obrigada à prestação de contas da entidade ou pessoa física beneficiada. Na contratação de cantores, de artistas, de músicos, seja o que for, todos estão obrigados a exibir recibos comprobatórios das despesas e sua consequente apresentação ao Tribunal de Contas competente.

Subvenção para preservação de imóveis. Verbas podem ser destinadas à preservação de imóveis destinados a cultos. Durante grande parte da colonização brasileira inúmeras igrejas foram construídas. A maioria tem sua vertente não apenas estética (estilo colonial, barroco, gótico, neogótico, *art nouveau*) como histórica (guarda restos mortais de heróis, grandes vultos da pátria) e, pois, é imperioso que sejam mantidas, não como imóveis de culto religioso, mas como bens históricos. O tombamento faz se necessário.

Tais edifícios devem ser preservados para memória da história brasileira. Os quilombos, casas sertanistas, igrejas católicas, vestimentas religiosas, esculturas barrocas e de outras épocas, relíquias, imagens de preto velho, hinários, túmulos, enfim, tudo conectado com os cultos desenvolvidos no Brasil deve ser objeto de preservação pelo Estado.

Inúmeras festas religiosas entraram para o folclore brasileiro e se constituem em patrimônio imaterial da cultura brasileira, tais como as festas do Bonfim e a de Iemanjá.

Mesquitas, sinagogas, casas como a da Menininha de Gantois, na Bahia, de culto afro, tudo aquilo que diga respeito à preservação da memória da religião pode ser objeto de subvenção.

20

CONFLITOS NA PARTICIPAÇÃO DO ESTADO EM FACE DA RELIGIÃO. INVOCAÇÃO DIVINA. VESTES SACRAMENTAIS. USO DA CRUZ EM PRÉDIOS PÚBLICOS. A RECUSA DE FÉ EM CONCURSOS PÚBLICOS. PESQUISA COM CÉLULAS-TRONCO. CASAMENTO RELIGIOSO COM EFEITOS CIVIS. UNIÕES HOMOAFETIVAS. VACINAS E TRANSFUSÃO DE SANGUE. O ENSINO RELIGIOSO. SACRIFÍCIO DE ANIMAIS. ABORTO. ABUSO DO PODER RELIGIOSO

Como o Estado é laico não pode invadir a intimidade dos diversos cultos. Impõe-se, então, uma omissão do Estado. É o que se rotula de direito negativo. O Estado *não pode interferir* na sujeição das pessoas aos ditames do culto.

Invocação divina. A disputa jurídico-religiosa começa com a inserção no *preâmbulo* de nossa Constituição com a invocação dos representantes do povo brasileiro que se reuniram em assembleia *sob a proteção de Deus.*

Vê-se, por aí, a forte religiosidade do povo. Os constituintes que foram eleitos para elaborar a Constituição invocam a proteção divina para bem elaborar o trabalho. Não o deveriam ter feito porque nos legaram uma Constituição cheia de virtudes, mas plena de defeitos. O primeiro deles é ser analítica e cuidar de quase tudo da vida no país e, por isso, complicar qualquer alteração que pudesse ser feita.

Qual Deus é invocado? O cristão? Por que afastar outras denominações de outros deuses? O Brasil não é um país plural em termos religiosos?

Como vimos anteriormente é descabida a invocação.

Restrição a vestes. Impõe-se, então, uma análise dos limites da ação do Estado. Sabidamente, a religião islâmica proíbe que a mulher se exponha e exige dela, dependendo da rigidez de seus dirigentes (mulás, ulemás), o uso de burca ou de véu. Assim, se a mulher usa a burca, o *niqab*, o *hijab* ou o *chador* pode a autoridade impedir seu uso? De igual maneira, o quipá, o turbante *sikh*, o cordão com cruz? A discussão importa em conflito de princípios, ou seja, a liberdade de culto e a segurança pública. O uso de tais vestimentas pode resultar no disfarce de bandidos.

Terá legitimidade o ato de restrição a vestes sacramentais? Vamos ponderar. Como o país não atravessa fase de conflitos religiosos nem civis, não se justifica restrição ao uso de tais roupas. No entanto, na hipótese de ocorrência de atos terroristas que possam levar risco à coletividade, nada impede que o país desenvolva uma série de prevenções que possam limitar o uso de tais vestes.

Diga-se o mesmo em relação a outras religiões. Qualquer caso de uso de roupas que disfarcem a posse de arma, por exemplo, pode envolver ação preventiva da autoridade policial. Há uma ponderação entre os princípios. Dependendo da situação específica, poder-se-á afirmar se a limitação imposta pela autoridade é legal ou não.

Sigamos Aristóteles e digamos que a prudência e a sensatez são sempre um intermediário entre a temeridade e a covardia. O meio termo é essencial no bom desempenho da ação humana em todos os aspectos.

Uma coisa é a destinação direta de recursos à Igreja. Outra é eventual ajuda que se possa dar a *entidades religiosas*. A primeira hipótese é taxativamente vedada, por força do inciso I do art. 19 da Constituição federal que dispõe:

> É vedado à União, aos Estados, ao Distrito Federal e aos Municípios: – I – estabelecer cultos religiosos ou igrejas, subvencioná-los, embaraçar-lhes o funcionamento ou manter com eles ou seus representantes relações de dependência ou aliança, ressalvada, na forma da lei, a colaboração de interesse público.

Aqui se impõem algumas observações. O Estado não pode (norma proibitiva) ter cultos ou construir igrejas. Vedada é qualquer ingerência sobre eles e elas, qualquer relacionamento é proibido. Ocorre que a parte final do dispositivo abre a possibilidade de subvenção para "colaboração de interesse público". Essa colaboração não pode ter cunho religioso. Segundo, não pode haver qualquer discriminação entre as diversas religiões. Terceiro, pode haver recursos dirigidos a *escolas confessionais*. Mas acho que vai além disso.

Sabidamente, diversas igrejas desempenham forte atividade de caridade, amparo a pobres, recolhimento de moradores de rua, fornecimento de alimentação, doação de agasalhos, auxílio para partos, manutenção de escolas que auxiliam o abandono de drogas e bebidas alcoólicas, ou seja, têm forte participação social. Tais atividades não são *religiosas* em seu sentido estrito. Ainda que praticadas nos pátios das igrejas ou em construções secundárias e acessórias aos templos, exercem forte função social.

Nesse passo, o art. 213 da Constituição abre espaço para que recursos públicos sejam destinados a escolas "comunitárias, confessionais ou filantrópicas". Há requisitos estabelecidos na Constituição e em leis complementares e ordinárias. Satisfeitas estas, é admissível que se direcionem recursos para tais entidades.

Estará atendida a exigência prevista no inciso I do art. 19 da Constituição federal de que haja "interesse público". A expressão é vaga, mas adquire conteúdo na realidade em que se analisa a atividade prestada pela instituição religiosa. Sem dúvida, o cunho social da atividade se enquadra na norma constitucional de forma a permitir a subvenção.

Não só a escola de caráter confessional, mas também a filantrópica e a comunitária, acham-se enquadradas na previsão constitucional em que é possível a outorga de apoio estatal a essas iniciativas.

Apenas a situação concreta é que dará a exata medida da ação do Estado. É a percepção fenomenológica que deve informar o comportamento do agente público.

Uso da cruz em prédios públicos. Será legítimo o uso da cruz em prédios públicos? É instigante discutir o assunto. Sabidamente, a religião católica foi quase monopolística durante muito tempo. Hoje, os evangélicos não aceitam a cruz como símbolo do cristianismo ou a aceitam sem a imagem de Cristo. Surge, então, a controvérsia do uso da cruz em prédios públicos.

Não há como o país ter apenas uma significação religiosa a ocupar espaços ou constituir símbolo de determinada confissão dentro da pluralidade religiosa brasileira. Não se pode colocar a representação de Xangô ou de peixe ou da cruz dentro dos prédios públicos.

A laicidade envolve distanciamento de toda e qualquer manifestação. É evidente que o governante pode comparecer a qualquer festa de qualquer culto, como pode portar, pessoalmente, símbolo da religião que adota, mas jamais pode constranger adeptos de outro culto dentro de espaços públicos.

O Conselho Nacional de Justiça teve oportunidade de decidir que

> [...] a presença de crucifixo ou símbolos religiosos em um tribunal não exclui ou diminui a garantia dos que praticam outras crenças, também não afeta o Estado laico, porque não induz nenhum indivíduo a adotar qualquer tipo de religião, como também não fere o direito de quem quer que seja. (Procedimento de Controle Administrativo n.º 0001418-80.2012.2.00.0000)

Seria cabível, pois, em tese, seguindo a orientação do referido Conselho, que se solicitasse a introdução de outros símbolos, como o peixe (identificação originária dos cristãos e que agrada aos evangélicos), de ícones dos cristãos ortodoxos ou de símbolos da religião de origem africana (velas, preto velho, indígenas ou até mesmo cabeças de animais cultuados). O que se fez foi mera *acomodação* para não obrigar os tribunais a se desfazerem da cruz.

Recusa pela fé em prestar concursos em determinado dia. Problema interessante surge com a negativa de prestar concurso ou provas em horário proibido por qualquer confissão. Adepto dos Adventistas do Sétimo Dia ingressou em juízo para prestar concurso em outro dia que não sábado, data marcada para sua realização, porque sua crença impedia a prática de atos no sábado.

Há um confronto entre a convicção religiosa, que é livre e garantida na Constituição, com a exceção que poderia ser aberta para que o Estado prestasse determinada atividade para uma pessoa apenas. É sem sentido que o Estado possa atender individualidades. As regras são genéricas e abstratas, ou seja, alcançam um grupo de pessoas e tendem a se repetir para colher fatos semelhantes. O Supremo Tribunal Federal, no entanto, no RE 611874, julgado em 26/11/2020, entendeu que o candidato adventista podia realizar avaliação física em data, horário e local diverso do estabelecido no calendário do concurso.

Em outro julgamento (ARE 1099099 – igualmente julgado no mesmo dia – 26-11-2020), garantiu o direito de quebra da assiduidade a uma professora adventista que havia sido reprovada no estágio probatório por não trabalhar entre o pôr do sol de sexta-feira e o sábado. A decisão carece de fundamentação constitucional. Não há qualquer sentido privilegiar confissão religiosa em detrimento da regularidade das ações do Estado. Tal providência pode complicar a prestação dos serviços afetos à administração pública. É fora de sentido jurídico exigir atenção especial para apenas uma pessoa por força de sua fé religiosa em detrimento de todos.

Há certamente um conflito entre o direito à confissão religiosa e o princípio da isonomia. Outorga-se, indevidamente, uma prerrogativa aos que professam determinadas religiões que possam interferir na regularidade da prestação das atividades estatais.

As teses firmadas nos dois julgamentos colidem com princípios administrativos tão importantes quanto os que amparam a confissão religiosa. Não é possível fragmentar-se o serviço público em benefício de algumas pessoas em prejuízo da coletividade.

Pesquisas com células-tronco. Embate que movimentou o mundo acadêmico e científico de um lado e o religioso de outro foi o uso de células-tronco para tratamento de moléstias. A matéria foi levada à Suprema Corte (Adin 3510). A corte entendeu que não havia qualquer inconstitucionalidade na Lei de Política Nacional de Biossegurança (n.º 11.105/05), mesmo porque não há lesão à vida. A ciência deve preservar e salvar vidas.

Mais uma vez, a prudência e o conhecimento científico aliados à sensibilidade humana dos julgadores determinaram o correto rumo da vida.

O casamento religioso com efeitos civis. Casamento homossexual. Religião e Estado acham-se imbrincados, tanto que o casamento religioso produz efeito civil no direito brasileiro (parágrafo 2º do art. 226 da Constituição federal). É que a fé religiosa de qualquer culto se acha consolidada na cultura brasileira. A influência que os padres exerceram durante o Brasil colônia foi fortíssima. José de Anchieta e Manuel da Nóbrega foram referências em catequização do índio, fundaram cidades e misturaram-se aos aborígenes de forma tal que lograram trazê-los à fé no cristianismo.

De outro lado, tiveram participação política efetiva. Seus exemplos frutificaram e, hoje, não há como separar o espírito religioso do político. É verdade que a ida de religiosos de qualquer culto para as vias eletivas logrou criar um segmento controverso. Instintivamente, levam para as decisões de cunho político que abarcam toda a sociedade suas convicções religiosas, o que, em muitas oportunidades, cria confronto. É o caso do aborto, da união homossexual, das descobertas científicas como células-tronco. Tais posicionamentos impõem atraso substancial no andamento das sociedades.

Uniões homoafetivas. Outro embate que ocorreu foi no reconhecimento do casamento homossexual.[120] Bateram-se os conservadores ao

---

120 OLIVEIRA, Régis Fernandes de. *Homossexualidade.* 2. ed. São Paulo: RT, 2013.

sustentar que casamento é entre homem e mulher. Pressões de toda a sociedade levaram o Conselho Nacional de Justiça a determinar que os cartórios não poderiam se recusar a efetuar os casamentos homossexuais.

Prevaleceram o bom senso e a sadia compreensão de que, legalmente, todos têm direito a uma vida em comum. O fato de ser de gênero diferente, de ser uma mulher em corpo de homem ou homem em corpo de mulher, não pode definir o amor e a busca da felicidade. A vida em comum é desejada e deve ser harmônica, sendo desimportante se as pessoas são de sexos diferentes ou não.

Bem andou a autoridade brasileira em acolher amplamente as pretensões de reconhecimento da união homoafetiva. O sentimento é maior que o sexo. O afeto é superior ao desejo sexual. O Supremo Tribunal Federal reconheceu (Adin 4277, min. Carlos Ayres Britto e ADPF 132, min. Luís Roberto Barroso) a legitimidade perante o ordenamento normativo das uniões homoafetivas equiparadas às uniões estáveis.

Houve grande avanço e evolução, ao contrário do que pregavam as religiões, todas contrárias a tal reconhecimento, sobrepondo textos religiosos escritos em épocas antiquíssimas aos sentimentos das pessoas.

É incompreensível como as Igrejas são conservadoras porque não querem perder códigos de dominação sobre as pessoas. Esquecem-se de que o mundo muda, os costumes se alteram, os hábitos tomam novos contornos. A sociedade não é mais a mesma de quando foram escritos os assim rotulados livros sagrados. Logo, as consequências modernas hão de ser outras.

Vacinas e transfusão de sangue. Existem discussões, por exemplo, sobre a aplicação de vacinas e de transfusão de sangue que podem ser questionadas à luz da fé, mas a ciência se impõe e o Estado não pode dar guarida a comportamentos medievais.

A leitura de textos religiosos escritos há mais de séculos não pode ser leitura literal, desprovida de adaptação para os dias de hoje. As coisas não combinam. A transposição de textos escritos há longo tempo deve ser adaptada à época moderna. Merecem leitura compatível com o desenvolvimento da sociedade.

Ademais, tais textos estão eivados de lendas e de influência de mitos de outros lugares, como Mesopotâmia e Egito, onde viveram civilizações assemelhadas às do Oriente Médio e lograram deixar lendas que foram adaptadas, como o dilúvio mencionado em texto do Gilgamesh, na mitologia egípcia e também na judaica e cristã. Tais ensinamentos precisam ser lidos com olhos de hoje para evitar interpretações literais ou desconectadas dos novos tempos. As sociedades mudaram, os costumes evoluíram, a interpretação dos textos sagrados também merece uma adaptação à sociedade moderna.

Todos vivem em um Estado. Este delimita, por sua Constituição e leis, os deveres de cada um, bem como seus direitos. São regras estritamente expedidas para reger a vida civil da sociedade. A religiosidade tem a peculiaridade "de não ser deste mundo" e inúmeras confissões estabelecem restrições ao comportamento de seus integrantes. Até aí tudo bem. O que não se pode aceitar é que, a pretexto de recusa de fé, deixar de atender a determinações impostas a toda a sociedade, eventualmente colocando seus integrantes em risco.

Adeptos das Testemunhas de Jeová não podem se furtar à transfusão de sangue quando necessária à vida. O profissional de medicina tem a obrigação de salvar vidas. Se o paciente se recusa à transfusão, tem o dever de fazê-lo, independentemente de autorização judicial. É verdade que o médico fica receoso de se ver envolvido em processo judicial, eventualmente até criminal, mas não comete crime se cumpre seu dever com sua consciência, tomando toda e qualquer medida em benefício da vida. Assim têm se pronunciado os tribunais.

Vacinas e transfusão de sangue, por mais resistência religiosa contra elas, são obrigatórias.

O ensino religioso. O ensino religioso nas escolas públicas é optativo. Dispõe o parágrafo 1º do art. 210 da Constituição: "O ensino religioso, de matrícula facultativa constituirá disciplina dos horários normais das escolas públicas de ensino fundamental". As crianças devem se inscrever para aulas religiosas e dizer qual é a sua fé. O Estado deve, então, prover o ensino.

O que o Estado não pode fazer é criar seu próprio ensino religioso. As opções estão em aberto e a elas deve atenção o poder público (Adin 4439/DF).

Sacrifício de animais. Pode, o Estado, permitir o sacrifício de animais em cultos, especialmente os de matriz africana? Novamente, os valores se contrapõem. De um lado, a preservação da fauna e a não permissão de maus-tratos em relação a animais; de outro, a expressão cultural de invocação dos deuses para o sacrifício. Este tem o condão de purgar pecados. O uso de animais no ritual sacrificial pode ter o condão de chamamento dos deuses, da oferta de sangue. O conteúdo pode ser pagão, mas há que se impor o respeito à religiosidade ali praticada.

Não se pode ignorar, também, a passagem bíblica em que Deus exigiu o sacrifício de Isac e, na última hora, um anjo salvador protegeu a criança, mas mandou sacrificar em seu lugar um cordeiro. Por mais simbologia que aí exista, não podemos deixar de ler o texto de forma literal.

Aborto. Questão bastante complicada que surge no embate entre direito e religião diz respeito ao aborto. Os espíritas não o admitem, porque entendem que nascimentos são resolvidos em outro mundo. Logo, descabe ao ser humano resolver o que quiser a esse respeito. Cristãos igualmente são contra porque entendem que quando da concepção já há um ser vivo e, pois, quem dá e tira a vida é a divindade, não competindo ao ser humano decidir a respeito. Islâmicos são contra. Em verdade, todo aquele que entende da existência de dois mundos não aceita que haja interrupção da gravidez.

De outro lado, há os que entendem que toda vida sem amor e mesmo toda gravidez é problema que cabe à mulher. O corpo é dela. Se ela recebeu o sêmen é a ela que cabe decidir o prosseguimento da gravidez, podendo fazer livremente o aborto. A discussão mais se acende com a possibilidade de o aborto ser feito em hospitais públicos e com despesas pagas pelo Estado.

Quando deputado federal, proferi longo voto na Comissão de Constituição e Justiça entendendo que até o terceiro mês (doze semanas) ainda não havia formação do feto e, pois, seguindo a orientação da maioria dos países europeus e dos Estados Unidos, cabia a cirurgia. O texto se encontra em livro publicado por mim.[121]

Por outro lado, a Suprema Corte brasileira teve oportunidade de decidir sobre o aborto anencefálico (ADPF 54/DF), instituindo uma terceira possibilidade de ação abortiva, ao lado da gravidez decorrente de estupro e quando cause possibilidade de morte da mulher.

Abuso do poder religioso. Pode ocorrer o abuso do poder religioso em determinadas situações. Por exemplo, a elevação de candidatos à tribuna de igrejas pode significar poderoso constrangimento sobre eleitores. Evidente está que a ida do fiel à igreja cria dependência com aquele que detém o conhecimento dos dogmas religiosos e de

---

121 OLIVEIRA, Régis Fernandes de. *As desigualdades sociais, a mulher e a liberdade no direito.* Cap. II. São Paulo: Novo Século, 2020, p. 154/176.

sua interpretação. A sujeição do fiel ao sacerdote de qualquer culto envolve forte influência política.

É que religião não se confunde com Estado, salvo aqueles de cunho eminentemente teológico (como o Irã). Logo, a pressão sobre os crentes para que apoiem determinado candidato cria diferença eleitoral em relação aos demais.

No Parlamento surgem diversas bancadas (ruralistas, verdes, gays, evangélicas). Não se pode negar que guardam sintonia com forças sociais arregimentadas. Aí a bancada evangélica adquire bastante força de convicção política e, por vezes, é decisiva em algumas votações que envolvam temas conexos.

O Poder Judiciário tem sido chamado a decidir inúmeras questões que surgem em relação ao embate entre fé e vida profana.

INSTITUTOS PROVENIENTES DA RELIGIÃO ANTIGA

Ensina Mircea Eliade que o momento religioso implica o momento cosmogônico: "O sagrado revela a realidade absoluta e, ao mesmo tempo, torna possível a orientação – portanto, *funda o mundo*, no sentido de que fixa os limites e, assim, estabelece a ordem cósmica".[122]

Como diz Fustel de Coulanges,[123] "o dever de perpetuar o culto doméstico foi a fonte do direito de adoção entre os antigos". O que ocorria? Apenas os homens podiam cultuar os deuses lares. Se o homem casado não tinha filhos, apenas filhas, era obrigado a adotar um homem para prosseguir no culto doméstico. "Adotar é pedir à

---

122 ELIADE, 2013, p. 33.
123 COULANGES, Fustel. *A cidade antiga*. 12. ed. São Paulo: Hemus, 1996.

religião e à lei aquilo o que não se pode conseguir da natureza[124] e Cícero ("Pro domo"), itens 13 e 14, como se vê em nota 5.

O casamento também surge "da religião doméstica".[125] A religião imperava soberana em Roma. Pelo casamento, a moça deixava os deuses de seus pais para integrar outros deuses. Desligava-se do fogo paterno para ingressar no do marido. "A jovem não entra sozinha em sua nova residência. É necessário que o próprio marido a carregue".[126]

O casamento, pois, tinha origem religiosa e significava a união de dois seres que se aliavam pela religião. "O efeito do casamento, em face da religião e as leis, consistia da união de dois seres no mesmo culto doméstico".[127]

Da mesma forma, a emancipação tem origem religiosa. Para que o filho de alguém pudesse entrar na religião de outrem era necessário emancipar-se da família anterior. A emancipação significava a renúncia ao culto da família para adotar outro.

O conceito de propriedade igualmente nasce do direito romano religioso. Os deuses eram da família e significavam a adoração dos antepassados. Só a família poderia adorá-los. "Eram sua propriedade exclusiva".[128] Daí afirmar Fustel de Coulanges que "não foram as leis, porém a religião que a princípio garantiu o direito de propriedade".[129]

Todo o direito sucessório igualmente tem fundamento religioso porque era a perpetuação do culto hereditário que não podia desaparecer.

---

124 COULANGES, 1996, p. 45.
125 *Ibidem*, p. 35.
126 *Ibidem*, p. 36.
127 *Ibidem*, p. 42.
128 *Ibidem*, p. 50.
129 *Ibidem*, 1996, p. 54.

Da mesma maneira, o testamento surge por sugestão religiosa.[130] O pátrio poder igualmente. Surge porque o pai é aquele quem cuida do fogo sagrado.

A democracia encontra sua origem em Atenas. O voto nasce na ágora. A eleição também.

A tragédia grega traz exemplos notáveis de imbricamento entre religião e direito. Em *Antígona*, Sófocles nos direciona para o confronto das leis da cidade com as leis eternas (dos deuses) quando ela pretende enterrar seu irmão Polinice e o rei não permite. O direito ao enterro nascia da tradição religiosa. O rei proíbe, Antígona se revolta e afronta as leis entendendo que há outras maiores.

Ésquilo ensina nas "Eumênides" a fúria das Erínias, que perseguiam Orestes, que havia matado sua mãe, Clitemnestra. Elas o perseguem. Ele se refugia no Oráculo de Apolo, que o defende. Por fim, a deusa cria o tribunal de júri, composto por doze cidadãos e, como resultado, dá empate na votação da absolvição de Orestes, e a deusa desempata a seu favor. Surge o voto de Atena (que hoje é conhecido como voto de Minerva – nome romano da deusa).

---

130 COULANGES, 1996, p. 65.

22

A DECISÃO. INVOCAÇÃO DA SANTIDADE E DOS DOUTOS

Em ambas as hipóteses, religiosa e jurídica, a decisão é a única surpresa que pode alcançar seu destinatário. Tanto o juiz como o sacerdote ouvem o(s) interessado(os), eventualmente traçam um procedimento para apurar se os fatos narrados são reais e verdadeiros (o juiz tem em suas mãos o processo; o sacerdote tem a palavra do fiel e, ocasionalmente, colhe provas paralelas, ouvindo interessados e testemunhas).

Colhidos os fatos, cabe ao julgador (comum ou religioso) aferir, por sua sensibilidade, a inserção daquele fenômeno em algum dos itens da codificação (civil, penal, trabalhista, eleitoral ou no interior dos livros sagrados). A partir daí e no interior de seu ser é que irá, uma vez enquadrado o fato à norma, tirar sua conclusão.

A decisão decorre, então, não apenas da aferição dos fatos, mas também do conhecimento que o julgador tem. Este deve ter fundamentos diversos, não apenas empíricos, mas teóricos. O sacerdote deve ter o conhecimento teológico imprescindível para dar orientação ao fiel, bem como aplicar-lhe eventual sanção (penitência). O juiz irá buscar, dentro do universo normativo, qual o dispositivo constitucional ou legal que incide sobre o fato (subsunção) e aplicar a sanção correspondente.

Ambos percorrem uma infinidade de caminhos: o contato com a realidade trazida; a apuração do fato; o procedimento utilizado para seu convencimento; o convencimento; a explicitação de razões e o fundamento de sua convicção (persuasão racional, no caso do juiz, e persuasão teológica, em relação ao sacerdote).

Como se apura, a solução encontrada decorre de um ato subjetivo. Análise fática. Convicção íntima. Funcionam bastante, na cabeça de ambos os julgadores, suas próprias convicções. Todos são seres humanos e, ao longo do tempo, tiveram oportunidade de estudar, de ler literatura, direito, textos sagrados, filosofia, história, sociologia e demais ramos do conhecimento humanístico. Formaram sólida cultura pessoal. Ademais, aprofundaram-se na respectiva área do conhecimento (o juiz no direito; o sacerdote na teologia). Assim, a solução que darão é fundada em anos de experiência, de trato com infrações (crimes), de conhecimento sociológico dos problemas. Apenas aí poderão decidir com segurança.

O que ressalta é o ato de convicção pessoal para proferir a decisão (religiosa ou civil). Esta tem que estar fundamentada em texto (teológico ou da codificação civil). O julgador subsume o fato ao direito e dá a ele a solução que se aguarda.

Ademais, ambos deverão estar *qualificados e credenciados* para o ato de julgamento. O sacerdote depende de sua designação para o templo do culto adotado e o juiz nomeado para sua vara ou comarca.

Esse plexo de atribuições é matéria prevista em cada área. O juiz tem sua competência delimitada pela norma jurídica da organização judiciária; o sacerdote pela da designação de seu superior hierárquico. A competência, já se disse, não é de quem quer, mas daquele a quem o ordenamento normativo a atribuiu.

As decisões são, pois, semelhantes, não apenas na qualificação do julgador, mas também na solução que é buscada em decorrência da norma aplicável bem como no roteiro interno na busca da convicção.

Decidir é buscar, pelo bom senso, pelo conhecimento do caso e pela sujeição às normas jurídicas e sagradas, a solução adequada (e justa) a ser aplicada ao fato levado à apreciação. Não só o raciocínio dedutivo, mas a busca da *solução mais justa*. Não é apenas o enquadramento do fato; o julgador tem que ter a sensibilidade de proferir a decisão que se ajuste àquela ocorrência.

Vale buscar a orientação de Aristóteles quando no livro V da *Ética a Nicômaco* cuida da equidade, que tem "uma função retificadora da justiça legal".[131] Acrescenta que embora toda lei seja universal há casos "a respeito dos quais não é possível enunciar de modo correto um princípio universal".[132] O erro, prossegue o Estagirita, "não reside na lei nem no legislador, mas na natureza das coisas".[133] A natureza da equidade reside na retificação da lei. É como a régua de Lesbos, que se amolda à situação fática.

Cada caso é um caso e depende de como o fenômeno (o perfil da coisa) é levado à apreciação do julgador. Os fatos nunca são iguais. Os sentimentos humanos também não. Logo, a decisão sagrada ou profana há de aferir todos os detalhes do fenômeno trazido ao julga-

---

131 ARISTÓTELES. *Ética a Nicômano*. São Paulo: Editora Atlas, 2009, p. 124.
132 *Ibidem*, p. 125.
133 *Idem*. (item 1.137-20).

dor e este, então, dentro da pluralidade de seus conhecimentos, faz incidir a norma sobre ele, dando a solução *justa*.

Toda decisão pressupõe interpretação. Paulo, em sua segunda carta aos Coríntios, fala que todos devem se guiar "não pela letra, mas pelo espírito; porque a letra mata e o espírito vivifica" (2Cor 3:5-6). Assim, o que o estudioso e o aplicador das normas devem buscar é o espírito da lei e não sua mera disposição literal. Não se deve confundir direito e lei. "O primeiro prenhe de significação e valores; a segunda mera redação material e transmissora da ideia".[134]

O julgador não é autômato. É movido, como todos os demais seres humanos, pelas paixões.

Invocação de santos e dos doutos. Interessante observar a sintonia que há na invocação dos santos e mártires por parte das Igrejas e a menção aos doutos no âmbito do direito. Há uma espécie de culto às relíquias dos santos e uma profunda reverência aos grandes autores do direito.

Há uma espécie de sacralização dos mártires. Ossos e restos mortais encontrados e atribuídos a santos foram divinizados. Alguns textos jurídicos se tornam imortais, como a *Oração aos moços*, redigida por Rui Barbosa e dirigida aos alunos da Faculdade de Direito do Largo de São Francisco, em São Paulo.

Ninguém nega a profundidade dos ensinamentos do direito romano e seus nomes. Até hoje, Justiniano, a legislação compilada e seus comentários (*Institutas*) são mencionados. Grandes nomes do direito comparado (Kelsen, Calamandrei, Gianinni, Ihering, Rui Barbosa, apenas para citar alguns) servem de guia na solução das lides.

---

134 OLIVEIRA, Régis Fernandes de. *O direito na Bíblia*. São José, Santa Catarina: Conceito, 2010, p. 147.

Na religião ocorre o mesmo. Os grandes nomes dos apologistas e a patrística definiram os rumos do cristianismo. Nomes como Santo Agostinho e Santo Tomás de Aquino e Lutero são sempre invocados para robustecer argumentos favoráveis e contrários a cada posição.

O que vale ressaltar é que os intérpretes da Igreja e do direito sempre buscam assento em grandes nomes que se destacaram ao longo do tempo. Controvérsias intrincadas levaram os intelectuais de cada área a se debruçarem sobre soluções possíveis e encontraram caminhos exegéticos.

Até hoje é assim. Em qualquer peça argumentativa no direito e qualquer invocação de orientação no mundo religioso, sempre cabe a invocação de um vulto do passado a sustentar a posição encampada.

Na Igreja, as homenagens estendem-se aos cemitérios, às estátuas e aos ícones. Dá-se a eles um poder sobrenatural. No direito, são prestadas cerimônias de entrega de medalhas e colares aos que prestaram relevantes serviços ao direito ou que se consagraram nas letras jurídicas.

23

AS PAIXÕES

Tanto o direito como a religião lidam com as paixões humanas. São o centro de todo comportamento. O homem é ser vivente (sentente e sentidor, na terminologia de Guimarães Rosa, em *Grande sertão: veredas*).

O direito objetiva, exatamente, reprimir os instintos[135] e, assim, nasce a civilização. Sai do estado de natureza e passa ao estado de repressão. Se não houver um conjunto normativo o ser humano fica sem peias e não tem limites, retornando ao estado de barbárie.

Significa que o direito passa a ser a maneira civilizada de regulamentar a guerra. Plauto afirmou que o homem é o lobo do homem, passagem que foi explorada por Hobbes (*Leviatã*). Significa que o homem é um ser desejante e dá vazão a todos os seus sentimentos agressivos. Para evitar que continue assim, os Estados editam regras

---
135 MARCUSE, Herbert. 8. ed. *Eros e civilização*. Rio de Janeiro: LTC, 2008, p. 85.

e a elas submetem todos os indivíduos, tornando suportável a vida em comunidade.

Com a religião passa-se o mesmo. A crença na espiritualidade serve de poderoso instrumento de controle do comportamento dos seres humanos. Na medida em que acredita numa entidade superior, o homem busca assemelhar-se a ela. Mediante a promessa de uma vida eterna cheia de tranquilidade e benesses, os seres humanos procuram limitar seus comportamentos à luz dos ensinamentos sagrados. Estes, como se viu, procuram estimular a vida em direção ao bem. Este impede condutas agressivas, violentas, proíbe ingestão de bebidas alcoólicas, busca a boa convivência familiar, boa orientação aos filhos, pacificação dos conflitos com os vizinhos. Tudo em repressão aos instintos, tal como faz o direito.

Como diz Antonio Damásio,

> [...] a governança requer longo processo de negociação, que está diretamente ligado à biologia dos afetos, dos conhecimentos, do raciocínio e da tomada de decisão. Nós estamos irremediavelmente tomados pelos mecanismos dos afetos e seus arranjos com a razão. Impossível escapar disso... As soluções culturais atuais e sua aplicação não podem escapar de suas origens biológicas.[136]

O ser humano é movido por sentimentos. Igreja e Estado buscam controlar os indivíduos quanto ao cumprimento das ordens emanadas dos livros sagrados e dos livros jurídicos. Aos representantes de Igreja e do Estado (Judiciário) cabe apreciar as infrações e crimes co-

---

136 DAMÁSIO, Antônio. *L'ordre étrange des choses*. Paris: Odile Jaob, 2017, p. 317.

metidos para aplicação da respectiva sanção. De qualquer maneira, os seres humanos estão informados, movimentados, aflitos e impulsionados pelas paixões humanas que lhes são naturais. Daí responderem pelos excessos perante duas ordens de repressão: Judiciário e Igreja.

24

DOAÇÕES. PERDÃO DE DÍVIDAS

Sem prejuízo de termos analisado a possibilidade de subvenção a Igrejas, a indagação que se coloca é se é permitido ao Estado efetuar qualquer tipo de doação de bens imóveis ou móveis ou mesmo permitir o comodato de prédios públicos para que ali se instalem dependências religiosas.

Claro está que não se pode permitir a construção de igrejas em terreno público ou mesmo ajudar que sejam erguidas.

Ocorre que nada impede que ocorram doações de bens a Igrejas que tenham por destino entidade ou escola comunitária, filantrópica ou confessional, mantida por elas (artigo 213 da Constituição). Como se viu, a exceção aberta pelo inciso I do art. 19 da mesma Constituição é no sentido de que haja "colaboração de interesse público".

Ora, imaginemos uma escola que funcione dentro de uma comunidade carente e que integre o patrimônio de uma igreja. Haverá impedimento de doação de carteiras, livros, material escolar, tinta para pintura da escola ou mesmo cessão de servidores para manutenção do prédio? Entendemos que não. A hipótese estará enquadrada dentro da exceção prevista na Constituição.

É verdade que o sintagma *interesse público* alberga uma pluralidade de significados. É o momento histórico, a ocasião, a oportunidade em que é solicitada a doação e o nexo de causalidade com a necessidade da entidade que farão incidir a norma excepcional.

Tudo deve ser feito com cautela para impedir que haja desvio de finalidade quanto às verbas públicas, tudo examinado pelo Tribunal de Contas competente. O desvio ocorre pelo não enquadramento das necessidades efetivas do local que busca o apoio e a efetiva disponibilidade de bens para doação.

Sendo assim, é possível a doação desde que haja pertinência lógica entre o que se pretende e o objeto concedido à igreja.

Impende verificar, no caso concreto, a necessidade buscada e o interesse público presente.

Perdão de dívidas. No início era a mitologia que dirigia os homens. Buscavam explicações sobre o mundo, fauna, flora e seres humanos. Depois vieram as lendas sobre a criação. Aparecem, então, as religiões. Politeístas no começo (Grécia, Roma, Índia), depois monoteístas (judaísmo, cristianismo e islamismo), que até hoje inspiram os seres humanos.

No mundo ocidental impôs-se o cristianismo. Espraiou-se pelo mundo todo com a promessa de um deus reencarnado, a crença no mundo do além, dividido entre céu, inferno e purgatório. Originariamente, uma só origem, mas deu margem a uma série de interpretações simbólicas. Daí surgiram o catolicismo, a ortodoxia, os coptas e, mais modernamente, uma porção de orientações pentecostais.

Igreja e Estado, quando do advento do cristianismo, eram uma coisa só. A influência do Vaticano era de tal sorte que se constituiu em Estado (Tratado de Latrão de 1929). Até então exercia sólida influência sobre todos os Estados, especialmente europeus. Há famosa passagem em que o papa Gregório excomungou o imperador Henrique IV do Sacro Império Romano-Germânico, o que o obrigou, em 1077, a ir a Canossa para pedir perdão. Consta que o papa o deixou ao relento durante alguns dias.

A força da Igreja se revelava na coroação dos imperadores. Era atributo dela, até que Napoleão coroou-se a si próprio.

Inconfundíveis os mundos do aquém e do além. O Brasil separou-se da Igreja Católica pelo decreto 119-A de 1891 e pela Constituição de 1891. Desde então, Igreja e Estado são instituições separadas. Uma cuida da alma; o outro do indivíduo e do cidadão. Nossa Constituição consagra, no art. 19, que é vedado aos entes federativos "I – estabelecer cultos religiosos ou igrejas, subvencioná-los, embaraçar-lhes o funcionamento ou manter com eles ou seus representantes relações de dependência ou aliança, ressalvada, na forma da lei, a colaboração de interesse público".

É bastante evidente que o Estado não pode ter igreja, não pode criar dificuldades para seu funcionamento, nem instituir relações de dependência ou aliança, mas nada impede que mantenha colaboração de interesse público.

Texto bastante claro, pode, diante de tal contexto, perdoar dívidas. É que as Igrejas deixam de recolher tributos devidos, erigem construções irregulares, não pagam o que é devido aos entes federativos. Os agentes públicos, no exercício de suas funções institucionais e constatadas as faltas, aplicam multas. Estas têm o caráter não apenas de punição pecuniária, buscam forçar o infrator a subordinar-se à lei.

Agora, projeto que está com o presidente da República para sanção anula autuações feitas (art. 9º) sob o argumento de que há imunidades tributárias dos templos de qualquer culto, conforme dispõe a letra b do inciso VI do art. 150 da Constituição federal.

Ora, o texto foi inserido habilmente em projeto de lei que dispõe sobre pagamento de precatórios. A matéria é impertinente. Em segundo lugar, a imunidade alcança o templo e não o que se passa nele ou os comportamentos desviantes que ali ocorrem.

A fiscalização tem imenso trabalho em detectar as falhas e apurar comportamentos desviantes e vê todo seu trabalho ruir por força de indevida interferência de parlamentar que, buscando agradar os fiéis, atinge duramente as já arruinadas finanças públicas.

O presidente deve ter sensibilidade para vetar o dispositivo anulador demonstrando a laicidade do Estado e preservando o trabalho dos agentes públicos.

As Igrejas devem realizar trabalho claro, adequado, correto, e não buscar os desvãos do processo legislativo para evitar pagar o que é devido ao Estado. Não nos esqueçamos de que a Bíblia, em duas passagens, reconhece o poder humano de tributar. A primeira quando separou o que era de César (Mateus, 22:21) e, em segundo plano, quando Jesus mandou o apóstolo apanhar um peixe com uma moeda e entregar ao poder terreno (Mateus, 17:25 e 17:26-27).

Não pode a Igreja praticar lesões aos cofres públicos, ter comportamentos equivocados e depois procurar parlamentares comprometidos para se beneficiar de seus próprios erros. Nada cristão.

25

MULHERES

Assunto que não pode deixar de ser analisado diz respeito à participação da mulher nas Igrejas e no culto. Refletindo o que existiu na sociedade ao longo da história, as mulheres foram afastadas de principais cargos e funções nas Igrejas.

O mundo nasceu e continuou machista, por força da superioridade física. Ocorre que, modernamente, a força física perdeu muito de sua importância. Primeiro, pelo aparecimento de armas letais; segundo, pelo acesso das mulheres às universidades e, por fim, pela resistência e protagonismo que passaram a ter a partir de meados do século XX.

É verdade que, ao longo da história, mulheres fantásticas se destacaram e se impuseram aos homens. A propósito, formulei um estudo[137] em que menciono inúmeras delas, que transformaram o mundo e ajudaram na *women's lib* desde a Antiguidade até hoje.

---

137 OLIVEIRA, Régis Fernandes de. *As desigualdades sociais, as mulheres e a liberdade no direito.* São Paulo: Novo Século, 2020.

A Igreja é o reflexo da sociedade e o mesmo sucede com o Judiciário. Até trinta anos atrás, no estado de São Paulo e em alguns outros estados, as mulheres nele não ingressavam. Vejam que é problema ainda bastante recente. A resistência se reflete na não ocupação de cargos diretivos. Já melhorou, mas havia, até pouco tempo, desconsideração para com a igualdade intelectual da mulher.

Caminhos parelhos da Igreja e do Judiciário. Como em outras atividades, há preconceito em ambas as instituições. No cristianismo, a posição da mulher é secundária; no islamismo, a mesma coisa. Não há sacerdote feminina, nem mulá mulher.

A igualdade começa a despontar quando o uso da inteligência adquire prioridade. Enquanto foi a força física o caráter distintivo, o homem prevaleceu e instituiu uma sociedade exclusivamente machista, reservando o fundo da casa para as mulheres. Com o advento de uma nova época, ou seja, com o uso da mente, as mulheres rapidamente passaram a ocupar postos importantes e a disputar posições de destaque com os homens.

Como disse Simone de Beauvoir, quase todos os deuses são masculinos.

> Assim, o triunfo do patriarcado não foi nem um acaso nem o resultado de uma revolução violenta. Desde a origem da humanidade o privilégio biológico permitiu aos homens afirmarem-se sozinhos como sujeitos soberanos. Eles nunca abdicaram o privilégio; alienaram parcialmente sua existência na Natureza e na Mulher, mas reconquistaram-na a seguir.[138]

---

138 BEAUVOIR, Simone de. *O segundo sexo*. v. 1. Rio de Janeiro: Nova Fronteira, 2016, p. 112.

A mulher ficou condenada a ocupar papel secundário e "o lugar da mulher na sociedade sempre é estabelecido por eles".[139]

A desigualdade é histórica e subsistiu ao longo dos séculos. Recentemente é que a mulher deixou de ter atuação passiva para firmar-se e fazer sua própria história.

---

139 BEAUVOIR, 2016, p. 113.

26

POSSE E UNÇÃO

No direito, as pessoas aprovadas em concurso público, tais como juiz, promotor e procurador são investidas no cargo e tomam posse. Há a nomeação pela autoridade competente. Marca-se o dia da posse.

A posse, embora possa ocorrer mediante simples assinatura em livro apropriado, realiza-se em dia e hora previamente designados e com a presença da autoridade sob que vão servir; há discursos, assinatura de termo apropriado e procede-se ao ato de investidura.

É ato solene em que o nomeado é homenageado pela comunidade que vai servir com o reconhecimento de sua cultura, seu conhecimento e seu prestígio social.

Na religião ocorre a mesma coisa.

Quando da instituição da realeza judaica (I Samuel, 8:1-5), os anciãos pediram a Samuel que constituísse um rei. Samuel ungiu Saul, que recebeu "o espírito de Javé" (I Samuel 10:6). A unção pressupõe uma escolha. Há também uma cerimônia de coroação com a unção à proclamação da realeza.

Vê-se que são atos parelhos de entronização em um mundo que não se confunde com o comum da sociedade. Há uma exaltação da pessoa junto à sociedade, que alcança um patamar de dignidade que é reconhecido.

No direito, a posse em cargo de magistrado distingue o nomeado de outras pessoas. Ele passa a ter uma parcela de poder, o de dizer o direito e de pacificar os conflitos. O mesmo faziam os reis. Dirigiam o povo, decidiam suas pendências e apontavam o caminho dele.

Na posse do magistrado, há a promessa solene de bem cumprir a Constituição e as leis do país; na religião, há a promessa de cumprir os ditames dos livros sagrados. O discurso do orador assume compromissos, assim como o do ungido religioso o faz.

27

O GNOSTICISMO RELIGIOSO E O JURÍDICO. A ORTODOXIA

O gnosticismo religioso identifica-se como o conhecimento esotérico da verdade espiritual; misto de mística e sincretismo. Há uma iniciação em alguma religião. Posteriormente, o fiel se identifica com alguns pontos controversos e busca seu próprio caminho. Quase sempre, há uma interpretação errônea, mas que é crível. O evangelista Marcos menciona tal ensinamento (4:10 e segs. 7:17 e 10:10 e segs.).

Os ensinamentos são reservados a alguns iniciados e distanciam-se do padrão seguido pelo culto central.

É difícil identificar quando um grupo de fiéis diverge da religião e busca caminhos próprios. O orfismo é um bom exemplo. Mistério, sigilo, segredo, ritos cabalísticos, não divulgação dos atos a quem não seja iniciado. Na vida profana podemos fazer comparação com a maçonaria. Ritos próprios e secretos. Há uma espécie de renascimento do fiel, que foge do rito normal da Igreja e se volta para significados estranhos e do encontro do ente sobrenatural.

De alguma forma, os essênios que viveram em Qumran e deixaram inúmeros escritos optaram pelo distanciamento das religiões conhecidas na época. Como anota Mircea Eliade,[140] "o achado desses manuscritos, entre 1947 e 1951, veio renovar nosso conhecimento sobre os movimentos apocalípticos judeus e as origens do cristianismo". Pregavam a parusia, isto é, a volta de Cristo, e viviam do profetismo.

A história mostra um sem-número de hereges que pregaram situações alarmistas e apocalípticas (Simão, o Mágico, Marcião, Menandro e Valentino).

No campo do direito surgem interpretações dos textos as mais complicadas e delicadas possíveis. O denominado *direito alternativo*, corrente que surgiu no Rio Grande do Sul, pregava uma interpretação do direito ligada às necessidades sociais, o que justificava uma visão sociológica.

A visão da teoria da *livre interpretação* do direito igualmente postula uma visão aberta de alterações que seriam inseridas pelo próprio intérprete.

O direito também admite uma visão sociológica em que o magistrado (e também os demais intérpretes) deveria ler os códigos e as leis não apenas em sua dicção normativa, mas voltada para a sociedade. Se esta é desequilibrada, o julgador não pode ler o texto legal segundo uma ótica positivista. Há que inserir o dispositivo normativo em uma moldura maior para alcançar as aberrantes disparidades sociais.

Estaria, portanto, o julgador, tanto quanto o gnóstico, a deixar de lado a interpretação meramente gramatical, semântica ou positivista

---

140 ELIADE, 2011, p. 307.

para, olhando os grandes princípios orientadores do ordenamento jurídico, buscar uma interpretação compatível com a realidade social. A própria mão do julgador equilibraria o prato da balança, que pende sempre para o mais rico e mais poderoso.

Gnósticos e intérpretes jurídicos, nesse diapasão, são idênticos. Fogem dos parâmetros estabelecidos pelas normas consensuais e buscam soluções a seu arrepio. Uns buscam acesso ao divino; outros, o acesso a um mundo real.

Ambos agem à margem dos costumes e dos preceitos estabelecidos pelos pais originários, seja da religião, seja dos que estabelecem princípios e regras jurídicas.

Na interpretação jurídica prevalece a *ortodoxia*. Nas universidades ensinam-nos a raciocinar sob a norma jurídica e dela não escapar. O direito positivo tem prevalecido. Não há como fugir da imposição da regra prevista na lei.

O pensamento jurídico restringe-se, então, à análise *da lei*, dela não se podendo fugir. Esse tipo de raciocínio estreita a visão do jurista. Equipara-se, aí, à interpretação ortodoxa do religioso. Este fica na fidelidade às escrituras, resiste à imaginação realista (oxímoro pertinente), é reverente ao pensamento sistemático e, por fim, fica na estreiteza do pensamento positivista.

Tanto o jurista positivista como o religioso ortodoxo excluem a realidade de seu pensamento. O imagético é restringido. O pensamento não pode voar, deve ficar restrito às normas, que delimitam seu espaço interpretativo e amesquinham sua visão da realidade. Ao juiz ortodoxo e positivista não interessa a realidade. Ele não a fez nem tem qualquer participação em sua elaboração. Logo, é irresponsável por ela. Deve ficar alheio ao meio circundante. Não lhe interessam a pobreza, a desigualdade social, a fome. São características alheias ao pensamento do jurista.

Pobre de quem assim pensa e pobre do religioso ortodoxo. Imaginam setores paralelos que jamais se cruzam. Em verdade, a realidade é muito mais forte do que meras normas jurídicas ou sacramentais. A subsunção só tem sentido se trouxermos a realidade para o mundo jurídico e religioso.

O que ocorre, na verdade, é que se põe um tampão na visão caolha e vesga daquele que apenas observa a norma jurídica, sem atentar para a riqueza da vida social e para suas desigualdades.

28

A ISONOMIA JURÍDICA E A RELIGIOSA

O princípio (ou regra) da isonomia é um dos pontos centrais do direito. Inserto no *caput* do art. 5º da Constituição federal, norteia todo pensamento jurídico. Está na origem do direito e é fundamental no relacionamento entre os homens.

Ocorre que nem tudo são flores. A sociedade é desigual e, pois, as oportunidades são desiguais. Há uma massa de indivíduos à mingua e desamparados pelo Estado; de outro lado, uma classe de favorecidos e beneficiados. Por consequência, as normas jurídicas, ainda que declarem o princípio da igualdade, fracassam na prática de garanti-lo.

Com a religião ocorre o mesmo. Até certo ponto, o cristianismo buscou garantir a igualdade, mas tanto quanto o direito, não logrou assegurá-la. Pior, com o surgimento dos neopentecostais há uma classe de abençoados (os ricos) e o resto; aqueles se dizem amados por

Deus porque estão ricos. Fundados na visão de Max Weber,[141] aquele que se enriquece é amparado pelo transcendente. Na visão católica, Deus ampara os pobres. Manifesta-se contradição de interpretações e cria-se a desigualdade. Não há isonomia.

---

141 WEBER, Max. *O espírito do capitalismo e a ética protestante*. São Paulo: Martin Claret, 2001.

29

AS MENTIRAS CONVENCIONAIS DE NOSSA CIVILIZAÇÃO (RELIGIÃO E DIREITO)

De tudo quanto se disse pode-se extrair a conclusão de que direito e religião são duas mentiras de nossa civilização. Uma porque é mera ilusão popular e serve de instrumento de dominação de sacerdotes mal-intencionados. Ao longo dos séculos criaram-se formas de saber da conduta do povo. Uma delas é a *confissão*. Por meio dela, sabíamos curas de tudo que se passava na sociedade, impunham penitências desataviadas e desconexas.

O conjunto normativo que deveria garantir o exercício dos direitos não o faz. Mudam-se as leis, mas as coisas continuam iguais. Alteram-se os códigos e os direitos não mudam. A morosidade constitui o estigma maior do Poder Judiciário. A solução dos casos levados ao seu desate arrasta-se no tempo. Os conflitos não encontram pacificação. Por maior esforço que fazem os juízes, a sociedade descrê da estrutura do Judiciário.

Max Nordau discorreu sobre as mentiras convencionais da nossa civilização e bem enfocou as mentiras religiosa[142] e a política.[143] Diz o autor que "apesar de todas as leis e de todos os regulamentos, rouba-se e rapina-se, quer diretamente como um *pick pocket*, quer indiretamente, explorando conforme as ocasiões os indivíduos e as massas".[144]

A estrutura normativa finge que nos garante contra todas as invasões a nossa vida e a nosso patrimônio, mas não nos sentimos protegidos. Modernamente, mais do que nunca. Invadem nossa privacidade; agridem-nos com *fake news*; demoram os tribunais para solucionar nossas pendências; torna-se cara a prestação jurisdicional. Grandes parcelas da população não têm acesso ao Judiciário; os fóruns encontram-se distantes das reais necessidades do povo; a terminologia é incompreensível mais do que nunca (Kafka tem razão).

Há descompasso enorme entre o que promete a religião e o que entrega, bem como a mesma distância existe entre o que o direito deveria garantir e o que efetivamente assegura.

---

142 NORDAU, Max. *As mentiras convencionais de nossa civilização*. 3. ed. São Paulo: Brasil, 1960, p. 31/62.
143 *Ibidem*, p. 125/164.
144 *Ibidem*, p. 133.

30

A TÍTULO DE CONCLUSÃO

A análise que fizemos dos pontos de conexão entre religião e direito dão bem a ideia da dimensão gigantesca que ambos têm em nossa sociedade. Não podemos desconhecer a religião como fonte repressora dos instintos e como guia dos comportamentos.

A importância da religião sempre foi muito forte, desde a Antiguidade, em que se confundia com os mitos originários. Posteriormente, adquiriu autonomia na busca do homem pela compreensão dos fenômenos naturais e de si mesmo, e na crença de que há outro mundo. No final da vida, todos serão reconfortados com a bem-aventurança. Muitos purgarão suas penas antes de ascender a esferas mais altas; outros serão condenados a sofrimento eterno. Dante Alighieri deu bem a ideia do que significam os três campos do além, com seus anéis intermediários.

No mundo jurídico, ao contrário, os comportamentos são ajustados aqui. Todos devem obediência.

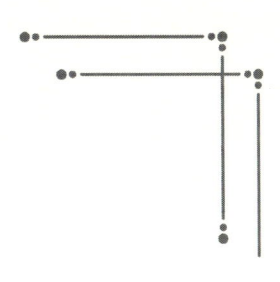

REFERÊNCIAS BIBLIOGRÁFICAS

AGAMBEN, Giorgio. *Homo sacer – O poder soberano e a vida nua I*. 21. ed. Belo Horizonte: UFMG, 2010.

____. *Profanações*. São Paulo, Boitempo, 2012.

ARISTÓTELES. *Ética a Nicômano*. São Paulo: Atlas, 2009.

ASLAN, Reza. *Deus – Uma história humana*. São Paulo, Zahar, 2018.

BEAUVOIR, Simone de. *O segundo sexo*. Rio de Janeiro: Nova Fronteira, 2016.

BERGSON, Henri. *As duas fontes da moral e da religião*. Lisboa Almedina, 2005.

BLOCH, Mark. *Os reis taumaturgos*. 21. ed. São Paulo Cia. das Letras, 2018.

BOURDIEU, Pierre. *Sobre o estado*. São Paulo: Cia. das Letras, 2014.

BRANT, Sebastian. *A nau dos insensatos*. São Paulo: Octavo, 2010.

CASSIRER, Ernst. *Ensaio sobre o homem*. São Paulo Martins Fontes, 2005.

CHAUÍ, Marilena. *Introdução à história da filosofia*. São Paulo Cia. das Letras, 2002.

____. *Convite à filosofia*. 12. ed. São Paulo Ática, 2002.

CORBIN, Alain. *História do cristianismo*. São Paulo, Martins Fontes, 2009.

COULANGES, Fustel. *A cidade antiga*. 12. ed. São Paulo, Hemus, 1996.

DAMÁSIO, Antônio. *L'ordre étrange des choses*. Paris: Odile Jaob, 2017.

DESCARTES, René. *Meditações metafísicas*. São Paulo: Martins Fontes, 2005.

DURKHEIM, Émile. *As formas elementares da vida religiosa*. São Paulo: Abril Cultural, 1978. (Coleção Os Pensadores)

ELIADE, Mircea. *Mito e realidade*. São Paulo: Perspectiva, 2000.

____. *História das crenças e das ideias religiosas*. Rio de Janeiro: Zahar, 2011.

____. *História das crenças e das ideias religiosas*. v. I. São Paulo: Zahar, 2010.

____. *O sagrado e o profano*: a essência das religiões. São Paulo Martins Fontes, 2013.

EPICURO. *Antologia de textos*. São Paulo. Abril Cultural, 1986. (Coleção Os Pensadores).

FAORO, Raimundo. *Os donos do poder*. 8. ed. Rio de Janeiro. Globo, 1989.

FEDERICI. *Calibã e a bruxa*. São Paulo: Elefante, 2018.

FOUCAULT, Michel. *História da loucura*. São Paulo. Perspectiva, 1978.

____. *A verdade e as formas jurídicas*. Rio de Janeiro: Editora da PUC, 2008.

FREUD. Sigmund. *O futuro de uma ilusão*. Rio de Janeiro: Imago, 1996.

GARCIA, José M. Gonzáles. *La mirada de la justicia*. Madrid: Antonio Machado Libros. 2016.

GÉLIO, Aulo. *Noites áticas*. Londrina: Eduel, 2010.

GILGAMESH. *Epopeia*. São Paulo, Autêntica, 2018.

GIRARD, René. *A violência e o sagrado*. 2. ed. Rio de Janeiro: Paz e Terra, 1998.

GUINZBURG, Carlo. *Os andarilhos do bem*. São Paulo: Cia de Bolso, 2010.

_____. *Os queijos e os vermes*. São Paulo: Cia. de Bolso, 2014.

HESÍODO. *Teogonia:* a origem dos deuses. Tradução de Jaa Torrano. São Paulo: Iluminuras, 2007

HOUDOUS, Lewis. *História das grandes religiões*. Rio de Janeiro: Cruzeiro, 1956.

JUNG, Carl G. *O homem e seus símbolos*. Rio de Janeiro: Nova Fronteira, 2008.

JURJI, Edward J. *História das grandes religiões*. Rio de Janeiro: Cruzeiro, 1956.

KAFKA, Franz. *Diante da lei, Kakfa essencial*. São Paulo: Penguin, 2011.

KANTOROWICZ, Ernst H. *Los dos cuerpos del Rey*. Madrid: Akal, 2012.

LEAL, Victor Nunes. *Coronelismo, enxada e voto*. São Paulo Alfa--Ômega, 1954.

LUCRÉCIO. *Da natureza das coisas*. Lisboa: Relógio d'água, 2015

MARCUSE, Herbert. 8. ed. *Eros e civilização*. Rio de Janeiro: LTC, 2008.

MAUSS, Marcel. *Esboço de uma teoria geral da magia*. Lisboa: 70, 2000.

NEUMAN, Abraham A. *História das grandes religiões*. Rio de Janeiro Cruzeiro, 1956.

NIETZSCHE, Friedrich. *O anticristo*. São Paulo: Cia. das Letras, 2007.

_____. *Genealogia da moral*. Petrópolis: Vozes, 2009.

NORDAU, Max. *As mentiras convencionais de nossa civilização*. 3. ed. São Paulo Brasil, 1960.

NOVINSKI, Anita. *A inquisição*. São Paulo: Brasiliense, 2012.

OLIVEIRA, Régis Fernandes de. *O juiz na sociedade moderna*. São Paulo: FTD, 1997.

____. *O direito na Bíblia*. São José, Santa Catarina: Conceito Editorial, 2010.

____. *Interpretação, paixões e direito*. Alphaville, São Paulo: Novo Século, 2018.

____. *Curso de direito financeiro*. 8. ed. São Paulo: Malheiros, 2019.

____. *Homossexualidade*. São Paulo: RT, 2013.

____. *As desigualdades sociais, a mulher e a liberdade no direito*. Alphaville, São Paulo: Novo Século, 2019.

PLATÃO. *Fédon*. São Paulo: Edipro, 2008.

PRADO JÚNIOR, Caio. *Formação do Brasil contemporâneo*. São Paulo: Brasiliense, 2000.

SCHMITT, Carl. *Teologia política*. Belo Horizonte: Del Rey, 2006.

SÓFOCLES. *Édipo rei*. São Paulo: Abril Cultural, 1975, p. 11.

VIVEIROS DE CASTRO, Eduardo. *Araweté, os deuses canibais*. São Paulo Zahar; Anpocs, 1968.

WEBER, Max. *Ensaios de sociologia*. Rio de Janeiro Zahar, 1979.

____. *Economia e sociedade*. Brasília UNB, 2009.

____. *O espírito do capitalismo e a ética protestante*. São Paulo, 2001.

XENÓFANES DE CÓLOFON. *Pré-socráticos*. São Paulo: Abril, 1978, p. 64. (Coleção Os Pensadores).

grupo novo século

Compartilhando propósitos e conectando pessoas
Visite nosso site e fique por dentro dos nossos lançamentos:
www.novoseculo.com.br

Estante de Direito

Edição: 1ª
Fonte: Adobe Garamond Pro

gruponovoseculo.com.br